Pia Biehl

Der Glaube für Kinder entdeckt

kbw bibelwerk

Für meine Eltern

Danke, dass ihr mir euren Glauben so überzeugend vorgelebt und
weiter gegeben habt!

Für die Menschen, die mich mit ihrer Begeisterung für Gott ange-
steckt und ermutigt haben, meinen eigenen Glaubensweg und meine
Spiritualität zu suchen, zu finden und auch zu leben.
Danke, eure Begleitung war und ist ein wertvolles Geschenk!

Rita Biehl

Siegen, Ostern 2009

Inhalt

5. Besondere Feste und Hochfeste im Kirchenjahr

6. Anders glauben

Ein Wort an die Eltern

Vorwort

Hallo liebe/r ......

„Der Glaube für Kinder entdeckt", heißt dieses Buch.
Vielleicht hast du es dir selber ausgesucht, vielleicht hast du es
geschenkt bekommen.

Ich freue mich, dass du dieses Buch in die Hand genommen hast
und ich lade dich ein, mit auf Entdeckungsreise rund um unseren
Glauben zu gehen. Das ein oder andere wird dir bekannt vorkommen,
aber ich bin sicher, dass es auch Dinge neu zu entdecken gibt:
Was glauben wir Christen, was glauben die anderen Weltreligionen?
Die Kirche, die viel mehr ist als nur das Gebäude.
Die Sakramente als Gottes großes Geschenk an uns.
Die Heilige Messe, alles andere als eine langweilige Veranstaltung.
Was gibt es außer Ostern und Weihnachten noch für Feste im
Kirchenjahr?

Du wirst sehen: Unser Glauben ist lebendig und spannend und er lebt
davon, dass er weiter gegeben wird. Also: Lass dir vom lieben Gott
erzählen und erzähl du vom lieben Gott. Erzähl weiter, was du weißt,
und stecke andere an mit deiner Begeisterung.
Jetzt wünsche ich dir viel Spaß beim Lesen und Entdecken.

Pia Biehl

Unser Glaube

Ich glaube
an Gott

Katholisch –
Evangelisch

Bist du schon einmal gefragt worden, was du glaubst? An wen du glaubst?
Hast du schon einmal überlegt, was der Glaube überhaupt ist?

Vielleicht denkst du jetzt: „Das ist aber ein komisches Buch. Das fängt mit Fragen an mich an." Dabei erwartest du doch, dass du Antworten bekommst.

Ich verrate dir jetzt etwas: Als es darum ging, dieses Buch zu schreiben, hab ich gesagt: „Na klar, das mache ich!" Und dann habe ich lange vor einem weißen Blatt Papier gesessen und hin und her überlegt, wie ich dir „unseren Glauben" erklären kann.

Eigentlich weiß ich ja, an was ich glaube. Das Problem war, wie ich das zu Papier bringen sollte. Erst als mir jemand sagte, ich soll doch einfach einmal zu schreiben anfangen und dann sehen, was dabei herauskommt, habe ich meinen Mut zusammengenommen und losgelegt.

Schnell wurde mir klar: Wenn ich von Glaube spreche, kann das verschiedene Bedeutungen haben:
Glaube, so habe ich es in einem Wörterbuch gelesen, besteht darin, dass ein Sachverhalt für wahr gehalten wird. Das ist eine komplizierte Formulierung. Du könntest auch sagen: Glaube heißt, davon überzeugt zu sein, dass es so ist, weil es z.B. wissenschaftlich nachgewiesen ist. Auch, wenn du es nicht selber nachprüfen kannst. Zum Beispiel: Ich glaube, dass sich die Erde um die Sonne dreht.

Wenn du sagst: „Ich glaube, dass ich morgen die Arbeit gut schaffe", dann bist du davon überzeugt, dass du genug gelernt hast und die Aufgaben locker lösen kannst. Das heißt, du vermutest, dass es gut läuft, aber du weißt es nicht sicher.
Wenn jemand zu dir sagt: „Ich glaube dir", dann meint er damit: „Ich vertraue dir."

Wenn wir vom christlichen Glauben sprechen, dann meinen wir unseren Glauben an Gott.
Dazu ist es interessant, anzuschauen, welche Bedeutung das Wort „Glaube" in den verschiedenen Sprachen hat.

Stilles Gebet

Aus dem Griechischen übersetzt bedeutet „Glaube":
Treue, Vertrauen.
Das lateinische Wort bedeutet: Das Herz geben/schenken.
Man kann auch sagen: Das Herz auf etwas setzen.
Aus dem Hebräischen übersetzt heißt Glaube so viel wie:
Sich an etwas festmachen.

Unser christlicher Glaube hat also von der Wortbedeutung her etwas mit Treue und Vertrauen zu tun; und damit, dass wir unser Herz auf etwas setzen, uns an etwas festmachen.
Aber was bedeutet das? Und warum ist das so?

Ich glaube an Gott

So beginnt ein Gebet, das du ganz bestimmt schon kennst: das Glaubensbekenntnis.
Wenn du das lange Wort einmal auseinander nimmst, so kommst du auf „Glauben bekennen". Bekennen heißt, ganz überzeugt zu sagen: „Ja, so ist es!"

Das Glaubensbekenntnis ist so etwas, wie das Programm unseres Glaubens. Sozusagen unser Grund, auf dem wir stehen. Man könnte auch sagen: das Fundament unseres Glaubens. Ein Fundament ist eine feste Grundlage, auf die man etwas aufbauen kann.

Das Glaubensbekenntnis, wie wir es heute in der Heiligen Messe beten, ist im 4. Jahrhundert entstanden. Deshalb können wir heute die Sprache nicht mehr so gut verstehen.

Lass uns doch einmal gemeinsam dieses Glaubensbekenntnis anschauen.

Damit du verstehst, was überhaupt hinter diesem Bekenntnis steht, werden wir uns die Abschnitte nacheinander anschauen. Ich will versuchen, dir jeden einzelnen Abschnitt zu erklären.

Ich glaube an Gott, den Vater, den Allmächtigen, den Schöpfer des Himmels und der Erde

Wir beten: ICH glaube an Gott ... .
Das ist ein ganz persönliches Bekenntnis!
ICH glaube, ich ganz persönlich,
so gut, wie ich es kann. Damit drückt
jeder von uns aus: Ich vertraue auf
Gott, halte ihm die Treue, setze mein
Herz auf ihn, mache mich an ihm fest.

Gott liebt uns. Er liebt und beschützt
jeden Einzelnen von uns, so wie deine
Eltern dich lieben und beschützen.
Er ist zu uns wie ein guter Vater und eine
liebende Mutter; wie Mama und Papa.

So weit, so gut. Aber was bedeutet: „Allmächtig"?
Gott ist allmächtig, er steht über allem. Er ist unbegreiflich groß. Gott ist für mich alles.
Für Gott ist nichts unmöglich.

Gott hat alles geschaffen: Himmel und Erde, Länder und
Meere, Tiere und Pflanzen und uns Menschen! Alles,
was auf der Erde wächst und lebt.
Deshalb sprechen wir auch vom Schöpfer des Himmels
und der Erde.

Die Schöpfungsgeschichte kannst du in der Bibel nachlesen.
Du findest die Geschichte von der Erschaffung der Erde im ersten
der fünf Bücher Mose, im Buch Genesis in den Kapiteln 1 und 2.
„Im Anfang schuf Gott Himmel und Erde..." (Gen 1,1)
Gott steht am Anfang der Welt. Er hat alles geschaffen.
Wir dürfen auf dieser Erde leben, weil er uns das Leben
und diese Erde geschenkt hat.

Mariä Verkündigung,
kolorierter Holzschnitt von
Michael Wolgemut
aus der Schedelschen Welt-
chronik von 1493

Und an Jesus Christus, seinen eingeborenen Sohn, unseren Herrn, empfangen durch den Heiligen Geist, geboren von der Jungfrau Maria

Wir glauben an Jesus Christus. Jesus ist der Sohn Gottes.

Jesus wurde geboren, so wie jeder von uns. Maria ist seine Mutter, seine Mama. Das sagt dieser Satz des Glaubensbekenntnisses aus. Und doch war Jesus von Anfang an ein besonderes Kind.

Erinnerst du dich vielleicht an die Weihnachtsgeschichte? Der Evangelist Lukas erzählt im 1. Kapitel seines Evangeliums davon: Der Engel Gabriel, ein Bote Gottes, kommt zu Maria und sagt ihr: „Fürchte dich nicht, Maria. Du wirst ein Kind bekommen, dem sollst du den Namen Jesus geben. Dieses Kind ist Gottes Sohn." (nach Lk 1,30-31)

Du kannst dir vorstellen, dass Maria sich ganz schön erschrocken hat. Sie sollte ein Kind bekommen, sie, das junge Mädchen. Sie war doch noch gar nicht verheiratet!
Aber der Engel sagt ihr: „Der Heilige Geist wird über dich kommen. Dieses Kind ist Gottes Sohn. Denn für Gott ist nichts unmöglich!" (nach Lk 1,35f)

Maria sagt: „Ja! So wie Gott es möchte, soll es geschehen."

Du weißt, wie die Geschichte weiter geht: Jesus wird geboren in einem armen Stall in Betlehem. Die Hirten sind die Ersten, die von seiner Geburt erfahren. Sie laufen zum Stall und beten das Kind in der Krippe an.

Weise, Sterndeuter aus dem Morgenland suchen den neuen König und staunen nicht schlecht, als sie ihn in einem Stall finden. Sie bringen königliche Geschenke mit: Weihrauch, Myrrhe und Gold.

Gott wird Mensch! Er will als Mensch unter uns Menschen leben. Deshalb hat er uns seinen Sohn geschenkt.

Geburt Christi „Die Anbetung des Kindes", Gemälde, um 1620, Gerrit (Gerard) van Honthorst, Galleria degli Uffizi, Florenz

Jesus heilt einen Bilnden

In der Heiligen Schrift kannst du viel über das Leben Jesu nachlesen. Die vier Evangelisten Markus, Matthäus, Lukas und Johannes haben aufgeschrieben, was die Jünger damals mit Jesus erlebt haben. Sie erzählen davon, wie er seine Jünger berufen hat, wie er Menschen geheilt und sogar Tote zum Leben erweckt hat. Sie haben aufgeschrieben, was Jesus den Menschen erzählt hat, von Gott, seinem Vater. Durch Jesus ist die Liebe Gottes in der Welt spürbar geworden. Er hat den Menschen gezeigt, wie Leben gelingen kann, wenn man auf Gottes Wort hört.

Gelitten unter Pontius Pilatus, gekreuzigt, gestorben und begraben, hinabgestiegen in das Reich des Todes

Wir wissen, dass Jesus den Menschen von Gott erzählt hat, seine frohe Botschaft zu den Menschen gebracht hat. Wir wissen, dass er für die Menschen da war, ihnen geholfen hat. Er hat Kranke geheilt, sogar Tote auferweckt. Trotzdem, oder vielleicht gerade deswegen war er vielen Menschen ein Dorn im Auge. Sie wollten ihn loswerden. Sie bezeichneten Jesus als Verräter und ließen ihn gefangen nehmen. Auch davon berichten die Evangelisten. Sie haben aufgeschrieben, wie Jesus gefangen genommen wurde im Garten Getsemane. Dort hatte er mit seinen Jüngern gebetet, als die Soldaten kamen.

Matthäus (Kapitel 26 und 27), Markus (Kapitel 14 und 15), Lukas (Kapitel 22 und 23) und auch Johannes (Kapitel 18 und 19) berichten von der Verhaftung, Verurteilung und Hinrichtung Jesu.

Sie berichten davon, wie Petrus, einer seiner Jünger und engsten Freunde ihn drei Mal verleugnete: „Nein, ich kenne diesen Jesus nicht!" Sie erzählen von Pontius Pilatus, der Jesus eigentlich freilassen will. Aber das Volk fordert von Pilatus Jesus zu kreuzigen. Pilatus beugt sich – so erzählt es die Bibel – dem Willen des Volkes und übergibt Jesus an die Soldaten.

Die laden ihm ein schweres Holzkreuz auf die Schultern, das er aus der Stadt hinaus an einen Ort mit Namen Golgota tragen muss. Dort wird Jesus gekreuzigt.
Jesus stirbt am Kreuz. Freunde nehmen ihn vom Kreuz und legen ihn in ein Grab. Dieses Grab verschließen sie mit einem großen Rollstein.

Pontius Pilatus

„Hinabgestiegen in das Reich des Todes" will sagen: Jesus war tot. Seine Jünger und Freunde konnten es nicht fassen! Er, auf den sie all ihre Hoffnung gesetzt hatten, lag tot in diesem Grab. Es sah so aus, als wäre alles vorbei! Der Tod war das Ende!

Aber es war nicht alles aus. Wir wissen heute, dass es weiter gegangen ist.

Am dritten Tage auferstanden von den Toten

Gott hat seinen Sohn nicht im Tod gelassen! Er hat ihn auferweckt. Christus ist auferstanden! Das ist der Mittelpunkt unseres Glaubens. Gott lässt uns nicht im Dunkel des Todes. Er schenkt uns das Leben bei ihm! Diesen Glauben feiern wir in besonderer Weise in der Osternacht. In dieser Nacht hält nach dem Dunkel und der Trauer der Karwoche das Licht der Osterkerze wieder Einzug. Die Osterkerze steht für das Geheimnis unseres Glaubens: Christus ist auferstanden.

Diesen Glauben feiern wir (auch) in jeder Heiligen Messe. Du kennst bestimmt die Stelle im Hochgebet, an der der Priester betet: „Geheimnis des Glaubens" und die Gemeinde antwortet: „Deinen Tod, o Herr, verkünden wir. Und deine Auferstehung preisen wir. Bis du kommst in Herrlichkeit!"

Jetzt fragst du dich, woher wir eigentlich alles über die Auferstehung wissen? Auch davon berichten die Evangelisten. Jesus erscheint zunächst den Frauen, die zum Grab kommen. Dann erscheint er seinen Jüngern, die nicht glauben können, was die Frauen ihnen erzählen.

Schau doch einfach mal in die Bibel und lies nach, was Matthäus (Kapitel 28), Markus (Kapitel 16), Lukas (Kapitel 24) und Johannes (Kapitel 20) von den Ostertagen in Jerusalem berichten.

Aufgefahren in den Himmel; er sitzt zur Rechten Gottes, des allmächtigen Vaters; von dort wird er kommen, zu richten die Lebenden und die Toten

„Aufgefahren in den Himmel" hat nichts mit einem Flug in die Sterne zu tun. Es heißt in der Bibel, dass Jesus Christus nach seiner Auferstehung zu seinem Vater in den Himmel gegangen ist. Er hat seinen Jüngern gezeigt: Seht her, ich lebe, ich bin nicht im Tod geblieben. Aber ich kann nicht bei euch bleiben, wie ich vorher bei euch war. Ich gehe zu meinem Vater. Und doch bin ich immer bei euch. Die Bezeichnung Gottes als allmächtigen Vater wurde am Anfang schon einmal erklärt. Sie soll unterstreichen: Gott ist über allem.

Christus als Pantokrator
Apsis Dom San Salvatore Cefalù
Sizilien, Italien

„Von dort wird er kommen, zu richten die Lebenden und die Toten" soll sagen: Kein Mensch wird von Gott vergessen. Gott denkt an uns, er will uns bei sich haben. Auch dann, wenn wir nicht mehr auf der

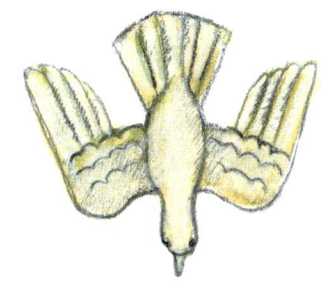

Erde leben, wenn wir tot sind. Wenn wir sterben müssen, ist nicht alles zu Ende: Jesus denkt daran, was wir Gutes getan haben, er kennt aber auch das, was uns nicht gelungen ist. Er weiß, wo wir anderen Unrecht getan haben, wo wir böse waren. Jesus verzeiht uns, wenn wir einsehen: „Es ist falsch, was ich gemacht habe."

Wir glauben daran, dass Jesus einmal alle Menschen richten wird, egal, ob sie leben oder tot sind. – Jesus ist es wichtig, dass wir uns frei für das Gute entscheiden. Denen, die sich mit seiner Hilfe darum bemüht haben, wird er sagen: „Kommt, ihr seid für den Himmel bestimmt!" Die aber, die immer nur Schlechtes getan haben, haben gezeigt, dass sie nicht bei Jesus sein wollen und das akzeptiert er.

Du kannst auch sagen: Jesus gibt uns Menschen das, wofür wir uns in unserem Leben entschieden haben. Wenn wir uns für das Gute entscheiden, stehen wir sicher auf festem Grund. Das Schlechte ist wie eine wackelige Brücke, von der man leicht hinunter fallen kann.

Ich glaube an den Heiligen Geist, die heilige katholische Kirche, Gemeinschaft der Heiligen

Der Heilige Geist ist sozusagen mit Gott-Vater und Jesus Christus, Gottes Sohn, der Dritte im Bunde. Gott sendet den Menschen seinen Heiligen Geist. Was heißt das und was kannst du dir unter dem Heiligen Geist vorstellen?

Im 2. Kapitel der Apostelgeschichte (die findest du in der Bibel direkt hinter dem Johannes-Evangelium) steht die Geschichte vom Pfingstereignis. Die Jünger Jesu sitzen mit seiner Mutter Maria in Jerusalem zusammen. Sie haben sich

zurückgezogen. So viel war passiert: Jesu Tod, seine Auferstehung und
Himmelfahrt. Jetzt wussten sie gar nicht, wie es weiter gehen sollte.
Jesus hatte ihnen aufgetragen, den Menschen seine frohe Botschaft zu
bringen. Schön und gut. Die Jünger fühlten sich müde. Wir würden
heute vielleicht sagen „ausgepowert". Die Luft war raus. So, wie aus
einem alten Fußball. In diese Situation hinein schickt Gott seinen
Heiligen Geist. Die Apostelgeschichte spricht von Feuerzungen und
davon, dass die Jünger in allen Sprachen reden konnten. Das wäre
fantastisch, wenn wir in allen Sprachen reden könnten! Aber damit soll
lediglich ausgedrückt werden, dass die Jünger plötzlich Mut hatten,
den Menschen von Jesus zu erzählen. Sie steckten die Menschen
mit ihrer Begeisterung an! Der Heilige Geist hatte sie aufgeweckt,
durchgewirbelt. Sie waren plötzlich springlebendig, voll Energie.
Oder um im Bild zu bleiben: Der Fußball ist aufgepumpt und kann
wieder ins Spiel kommen.

Der heilige Georg und der Drache, Ikone, 15. Jh.,
Moskau, Staatliche Tretjakow-Galerie

Wenn wir sagen: „Ich glaube an den Heiligen Geist",
dann heißt das soviel wie: Ich bin so froh, ein Freund/eine
Freundin Jesu zu sein, dass ich auch anderen gerne von
ihm erzählen möchte. Ich bin begeistert von der frohen
Botschaft und gebe sie begeistert weiter.
Mit dieser Begeisterung befinden wir uns in guter Gesellschaft
mit der „Gemeinschaft der Heiligen". Das sind alle die
Menschen, die in besonderer Weise in der Nachfolge Jesu
gelebt haben und leben, seinem Wort vertrauen.

Das Wort „Katholisch" kommt aus dem griechischen und
ist in diesem Zusammenhang keine Konfessionsbezeichnung.
Hier bedeutet es soviel wie „das Ganze betreffend",
„allgemein gültig".

Unter „Kirche" verstehen wir hier das Volk Gottes, die
Gemeinschaft aller Christen.

Vergebung der Sünden

Jesus liebt uns. Deshalb verzeiht er uns, wenn wir einsehen, dass wir etwas falsch gemacht haben. Nichts anderes sagt „Vergebung der Sünden" aus. Wenn du zu Gott sagst: „Hör mal, da habe ich Mist gebaut, es tut mir leid!", dann verzeiht er dir und sagt dir, dass alles wieder gut ist.

In besonderer Weise kannst du das im Empfang des Sakramentes der Versöhnung erfahren. Was das genau ist, kannst du im Kapitel „Sakramente" nachlesen. Dieses Sakrament der Versöhnung ist ein besonderes Geschenk Gottes an uns Menschen.

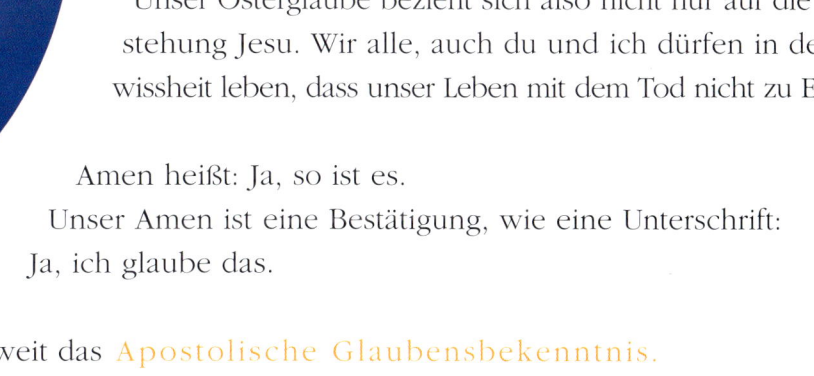

Auferstehung der Toten und das ewige Leben. Amen.

Wir glauben ganz fest daran, dass der Tod nicht das Ende, sondern Anfang eines neuen Lebens ist. Eines neuen Lebens bei Gott.

So, wie Gott seinen Sohn nicht im Tod gelassen hat, so schenkt er auch uns das ewige Leben bei ihm. Unser Osterglaube bezieht sich also nicht nur auf die Auferstehung Jesu. Wir alle, auch du und ich dürfen in der Gewissheit leben, dass unser Leben mit dem Tod nicht zu Ende ist.

Amen heißt: Ja, so ist es.

Unser Amen ist eine Bestätigung, wie eine Unterschrift: Ja, ich glaube das.

Soweit das Apostolische Glaubensbekenntnis.

Mit den Glaubensbekenntnissen hat die Kirche ihren Glauben von Anfang an zusammengefasst und in einer allen Gläubigen verständlichen Sprache weitergegeben.

Eigentlich geht dieses Glaubensbekenntnis auf die Taufe zurück. In den ersten christlichen Gemeinden wurden Erwachsene getauft. Die Taufe von Kindern, wie wir sie heute kennen, kam erst einige Zeit später.
Die Taufbewerber (Katechumen) haben erst eine Art Religionsunterricht (Katechumenat) mitgemacht. Sie haben von Gott und Jesus und dem Heiligen Geist gehört und wurden dann am Tag ihrer Taufe gefragt: „Glaubst du an Gott den Vater? Glaubst du an Jesus, Gottes Sohn? Glaubst du an den Heiligen Geist?"
Dann wurden sie getauft.
Bei deiner Taufe haben deine Eltern und Paten stellvertretend den Glauben bekannt.
Bei deiner Erstkommunion sagst du selber: „Ja, ich glaube!" und bei deiner Firmung wirst du es noch einmal bestätigen: „Ja, ich will den Weg mit Jesus weiter gehen, den meine Eltern für mich mit meiner Taufe begonnen haben!"

Du siehst: Es gibt ein Bekenntnis, eine Formel, die zusammenfasst, was wir glauben.
Das gemeinsame Bekenntnis ermöglicht, dass Christen auf der ganzen Welt das Gleiche feiern und teilen.

Aber du hast sicher auch schon gemerkt, dass der Glaube auch etwas ganz persönliches ist. Jeder Mensch hat einen anderen Zugang zum Glauben. Letztlich ist unser Glaube ein Angebot Gottes an uns. Dieses Angebot gibt uns die Freiheit uns zu entscheiden: Ja, ich glaube und ich möchte Gott einen Platz in meinem Leben geben. Ich vertraue, dass er bei mir ist und meinen Weg begleitet. Ich setze mein Herz auf Jesus und seine Botschaft, ich mache mich fest an ihm!

Katholisch – Evangelisch: Was unterscheidet uns? – Was trennt uns?

Das Christentum ist eine große Religion. Wir alle glauben an den einen Gott und sind eine große christliche Gemeinschaft. Wie kann es da Unterschiede geben?

Die Unterschiede bestehen im Wesentlichen in der alltäglichen Glaubenspraxis, z.B. im Gottesdienst, oder im Verständnis des christlichen Glaubens, z.B bei den Sakramenten.

Bestimmt hast du schon mal gehört: „Der ist doch katholisch!", oder: „War die nicht evangelisch?". Aber was ist eigentlich der Unterschied zwischen evangelisch und katholisch?

Zwei Punkte habe ich mir herausgesucht, an denen ich versuchen will, dir die Unterschiede zu erklären.

Die Gottesdienste

Die katholische Messe, hat immer denselben Ablauf. Es wird mit einem Wortgottesdienst begonnen, in dem Lesung, Evangelium und Predigt ihren Platz haben. Den Mittelpunkt der Messe bildet jedoch die Eucharistiefeier: die Wandlung, in der sich Hostien und Wein in den Leib und das Blut Christi wandeln und die Kommunion, in der jeder den Leib Christi empfangen kann.

Im evangelischen Gottesdienst ist der Ablauf anders, oftmals verschieden. Den Mittelpunkt des Gottesdienstes bildet immer die Lesung aus der Bibel, das Wort Gottes und die Auslegung in einer ausführlichen Predigt. Das Abendmahl wird nicht in

jedem Gottesdienst gehalten. Es entspricht auch nicht der katholischen Eucharistiefeier, denn das Abendmahl ist für evangelische Christen die Erinnerung an das letzte Abendmahl Jesu, und nicht wie für Katholiken die Wandlung des Brotes und des Weines in Leib und Blut Christi.

Die Gemeinden

Auch bei den Formen der Gemeinden gibt es Unterschiede. Die katholische Kirche ist ein weltweites, weitgehend einheitlich organisiertes System. Eine Gemeinde ist zugehörig zu einem Pastoralverbund/einer Seelsorgeeinheit und hat einen für sie zuständigen Priester. Alle Gemeinden gehören zu einem Bistum, dessen Chef ein Bischof ist. Und oberste Instanz des Ganzen ist der Papst. Du siehst, alles ist geregelt, und alles hat seinen Platz.

In der evangelischen Kirche gibt es verschiedene Gemeindeformen. Der Großteil der Gemeinden gehört der Landeskirche an, was man ungefähr mit dem „System" der katholischen Kirche vergleichen kann. Dann gibt es noch viele freie evangelische und freikirchliche Gemeinden, die eigenständig oder in Gemeindeverbünden arbeiten. Diese haben oftmals auch keine Kirchen im eigentlichen Sinn, sondern große Gemeindesäle in denen sich die Gemeinde dann zum gemeinsamen Gottesdienst trifft.

Soviel in aller Kürze!

Evangelischer Altar

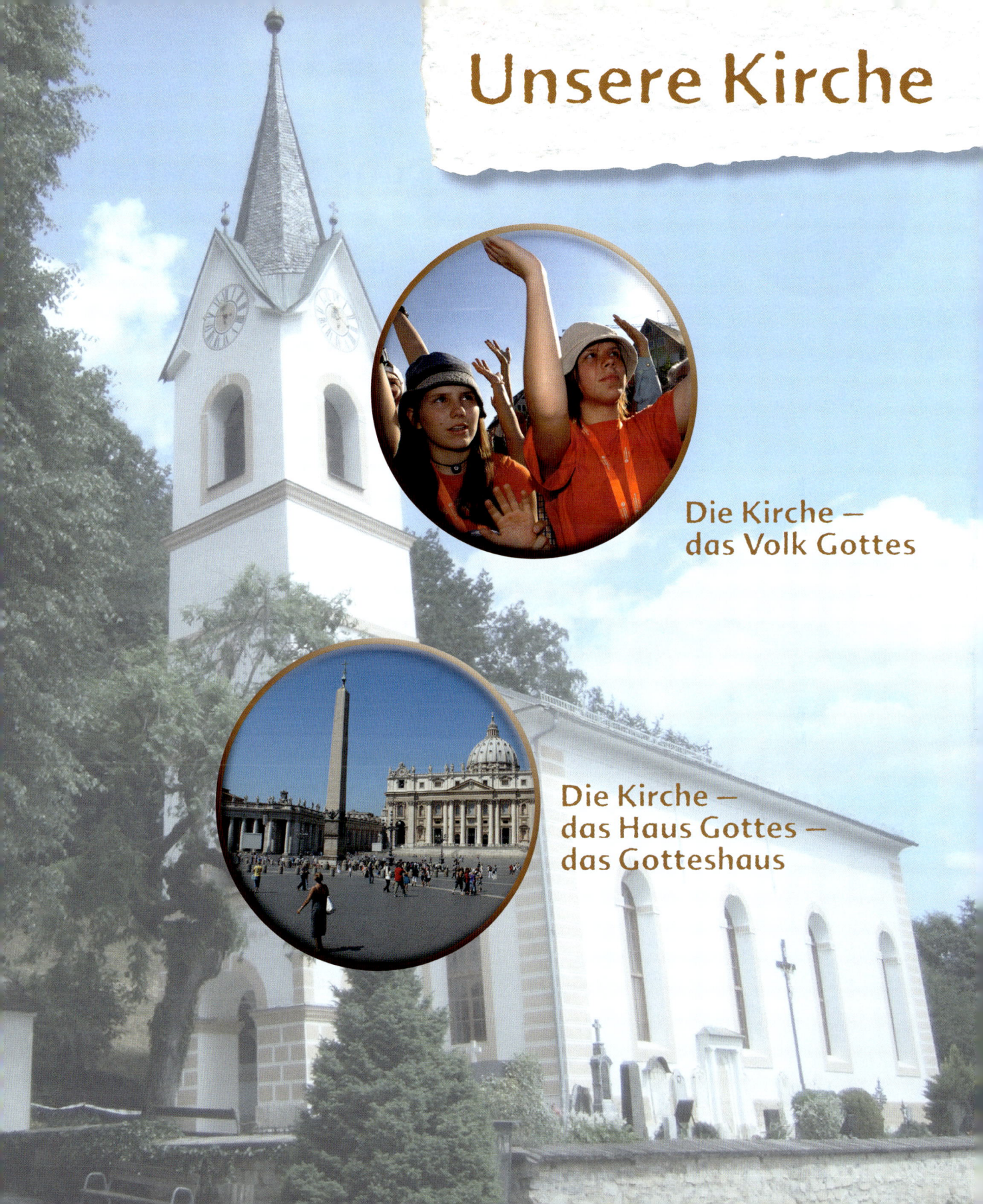

Unsere Kirche

Die Kirche —
das Volk Gottes

Die Kirche —
das Haus Gottes —
das Gotteshaus

Die Kirche – das Volk Gottes

Jede Gemeinschaft braucht Regeln – auch die Kirche

Wenn wir von „unserer Kirche" sprechen, dann kann das unterschiedliche Bedeutungen haben.

Zum einen verstehen wir unter „Kirche" das Gebäude, das Gotteshaus, den Raum, in dem wir Gottesdienste feiern. Die Kirche als Haus Gottes schauen wir uns später etwas genauer an. Da gibt es viel Spannendes zu entdecken.
Zum anderen bezeichnet „Kirche" den Zusammenschluss und die Organisation von Christen in verschiedenen Konfessionen.
Auf der Erde gibt es viele Christen, die der katholischen Kirche angehören, über 1 Milliarde Menschen, eine fast unvorstellbar große Zahl.

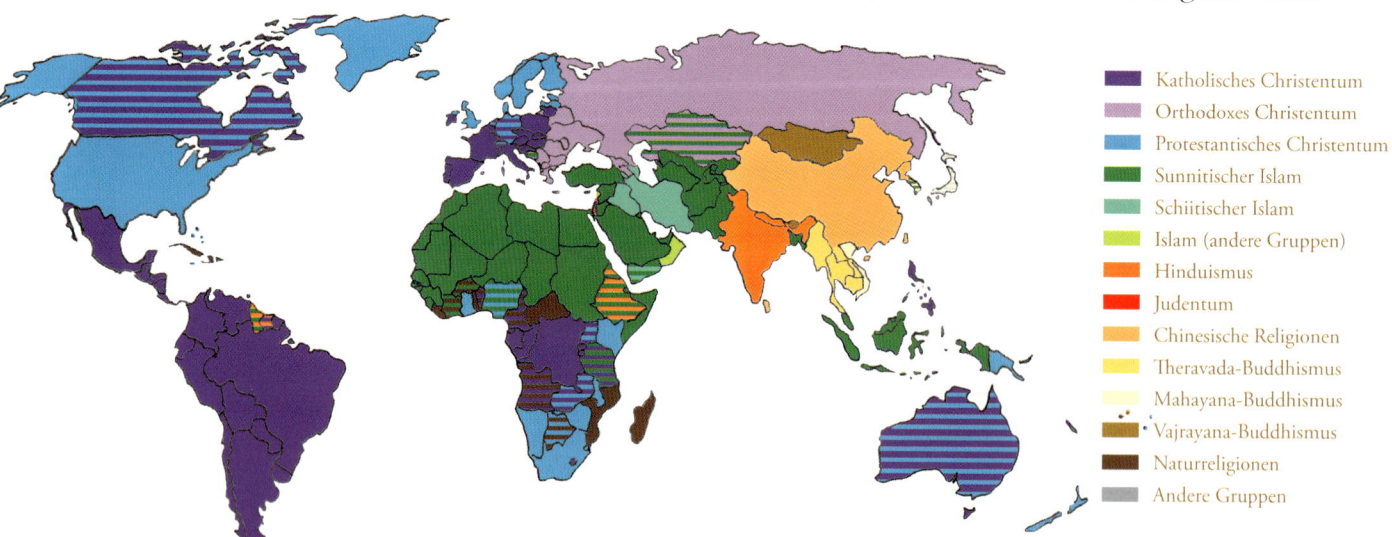

■	Katholisches Christentum
■	Orthodoxes Christentum
■	Protestantisches Christentum
■	Sunnitischer Islam
■	Schiitischer Islam
■	Islam (andere Gruppen)
■	Hinduismus
■	Judentum
■	Chinesische Religionen
■	Theravada-Buddhismus
■	Mahayana-Buddhismus
■	Vajrayana-Buddhismus
■	Naturreligionen
■	Andere Gruppen

Vielleicht hast Du auch schon die Erfahrung gemacht: Überall, wo Menschen zusammen leben oder arbeiten, braucht es Regeln und Strukturen, die für das Miteinander einen gewissen Rahmen vorgeben.

Du kennst das von zu Hause aus deiner Familie, aus der Schule, vom Sportverein.
Es gibt Regeln, bestimmte Abläufe, an die sich alle halten, die zeigen, wo es lang geht.
Wenn es z.B. in der Schule keine Stundenpläne gäbe, keinen Plan, welche Klasse
wann in welchem Raum Unterricht hat, oder welcher Lehrer Vertretungsstunden übernimmt,
dann würde es sicher nicht rund laufen. So ist es auch in der Kirche.

Die Christen haben sich sehr früh organisiert; zunächst in einzelnen
Gemeinden. Als das Christentum sich immer mehr verbreitete, haben sie
überlegt, wie sie untereinander Kontakt halten können. Sie wollten
die Botschaft Jesu so weiter geben, wie er es seinen Jüngern aufgetragen
hatte. „Geht hinaus in die ganze Welt und verkündet das Evangelium
allen Geschöpfen" (Mk 16,15). Die Menschen in Syrien sollten die gleiche
Botschaft hören, wie in Griechenland.

Ihr Aufbau

Im Laufe der Zeit hat sich aus diesem
Netzwerk der Kontakte die so genannte
„Amtskirche" entwickelt.
Aufgebaut ist die Kirche nach einer
bestimmten Rangordnung, einer Rangfolge,
die auch Hierarchie genannt wird. Bild-
lich darstellen kann man diese Hierarchie
in Form einer Pyramide.

Papst

Kardinäle

Bischöfe

Priester/ Diakone/ Ordensleute

Gläubige in den Gemeinden

Volk Gottes

Gemeinschaft der Gläubigen

Papst Benedikt XVI. bei einer Konzelebration

Alle gemeinsam sind wir Volk Gottes – die Gemeinschaft aller Gläubigen. Bevor wir uns näher damit befassen, wer von ihnen was tut, ist es interessant zu sehen, wo und wie groß ihre „Wirkungsstätten" sind.

Daraus ergibt sich eine Pyramide, die auf dem Kopf steht.

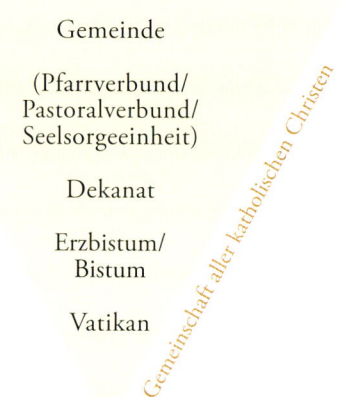

Gemeinde

(Pfarrverbund/ Pastoralverbund/ Seelsorgeeinheit)

Dekanat

Erzbistum/ Bistum

Vatikan

Gemeinschaft aller katholischen Christen

Die Basis der (Amts-)Kirche bilden die Christen, die in Gemeinden zusammen leben, glauben, miteinander Gottesdienst feiern. Geleitet werden diese Gemeinden von Priestern, die den Titel Pfarrer oder Pastor tragen. Unterstützt werden sie dabei sehr häufig von Pastoral- und Gemeindereferenten- und referentinnen. In manchen Gemeinden gibt es auch Diakone, die den Priester in seiner Gemeindearbeit unterstützen. Was genau ein Diakon macht und was die Aufgaben eines Priesters sind, findest du unter „Priesterweihe" im Kapitel Sakramente (siehe S. 83).

Die Gemeinden sind aufgefordert, aktiv ihr Gemeindeleben mit zu gestalten. Es gibt verschiedene Gremien, die dabei helfen, dass es in der Gemeinde rund läuft. Im Pfarrgemeinderat zum Beispiel sitzen Menschen aus der Gemeinde, die sich gemeinsam mit dem Pfarrer Gedanken darum machen, wie das Gemeindeleben lebendig und interessant gestaltet werden kann. Es werden Feste für die Gemeinde organisiert, überlegt, mit welchen besonderen Gottesdiensten Familien mit Kindern angesprochen werden können und vieles mehr.

Ein anderes Gremium ist der Kirchenvorstand. Der verwaltet das Geld einer Gemeinde und muss dafür sorgen, dass mit dem zur Verfügung stehenden Geld sorgsam umgegangen wird. Wenn z.B. die Orgel repariert werden muss, oder der Pfarrsaal einen neuen Anstrich braucht oder sogar neu gebaut werden soll, dann wird das im Kirchenvorstand besprochen und entschieden. Bei dir gibt es vielleicht einen Kirchengemeinderat. Das ist so etwas wie Pfarrgemeinderat und Kirchenvorstand in einem.

Lass dich von den verschiedenen Bezeichnungen nicht verwirren. Jede Region in Deutschland hat ihre eigenen Begriffe. Du kennst das vielleicht: Bei mir heißen die Brötchen Brötchen, in Hamburg sind das Rundstücke, in Bayern nennt man sie Semmel und im Schwabenland sind Wecken in meine Frühstückstüte gewandert.

Schauen wir auf die nächste Stufe unserer Pyramide.

Dort stehen die Pastoral-verbünde, Pfarrverbände oder Seelsorgeeinheiten. Vielleicht kennst du diesen Begriff ja schon. Vor noch gar nicht so langer Zeit waren die Kirchen sonntags voll und es gab für jede Gemeinde noch einen Priester. Heute ist es leider so, dass viele Menschen nicht mehr zum Gottesdienst gehen. Es gibt sogar Kirchen, die ganz leer bleiben.

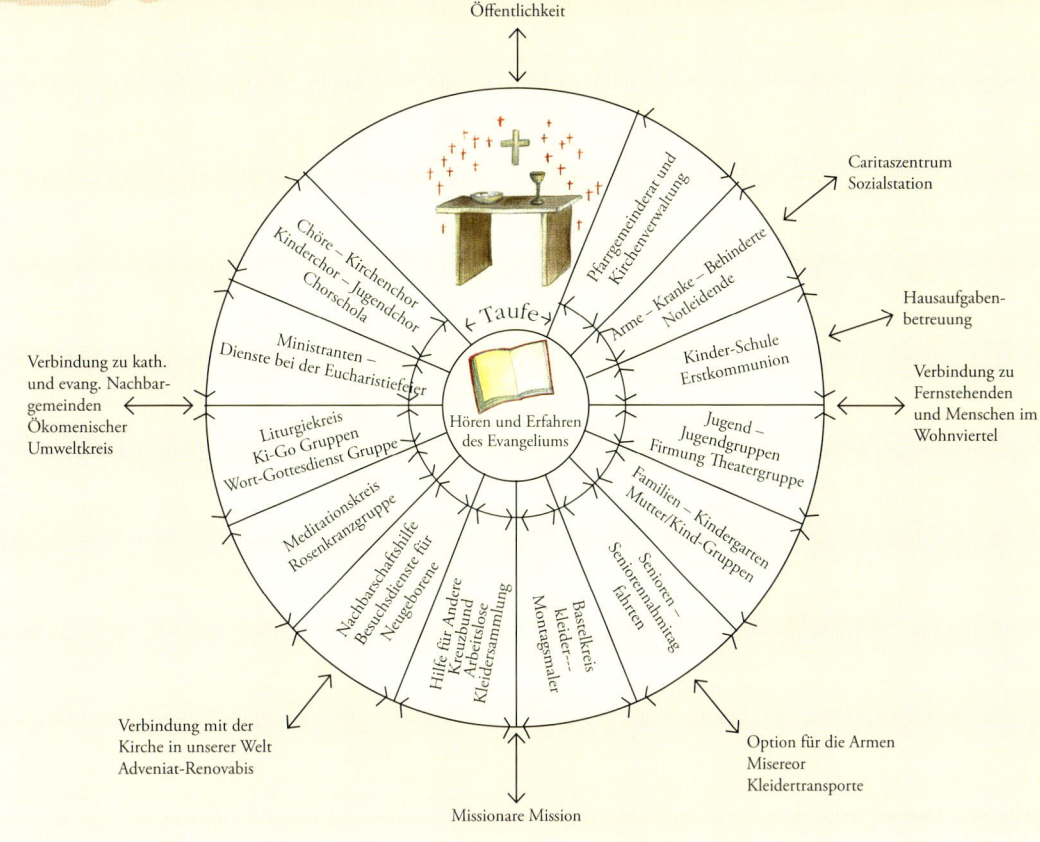

Pfarrgemeinde St. Karl Borromäus als Beispiel, wie vielfältig Gemeinde sein kann.

Und es gibt weniger Männer, die den Priesterberuf wählen, so dass es nicht mehr für jede Kirche einen Priester, für jede Gemeinde einen Pfarrer oder Pastor gibt.

Aus diesem Grund wurden in vielen Bistümern kleinere Gemeinden zusammengefasst und bilden jetzt Pastoralverbünde, Pfarrver-bände oder Seelsorgeeinheiten. Mehrere dieser Pastoralverbünde sind zusammen gefasst in einem Dekanat.

Geleitet wird ein Dekanat vom Dechanten. Der wird gewählt aus den Reihen der Priester des Dekanates.

Mehrere Dekanate nun bilden ein Bistum! Das ist die nächst höhere Verwaltungseinheit. Die höchste Verwaltungseinheit ist der Vatikan in Rom, der alle Bistümer der Welt vereint.

In einem Dekanat waren früher ungefähr 10 Pfarreien zu einer kirchlichen Verwaltungs-einheit zusammen-gefasst. Der Begriff Dekanat leitet sich vom lateinischen Wort „decem= 10" ab.

Ist das zu kompliziert? Du kannst dir eine Eselsbrücke bauen.

Eine Kirchengemeinde ist vergleichbar mit dem Dorf oder dem Stadtteil in dem du wohnst.

Der Pastoralverbund entspricht dann dem Kreis, dem deine Stadt oder dein Dorf angehört.

Das Dekanat ist dann die nächste Stufe, ähnlich dem Regierungsbezirk.

Und das Bistum ist dann quasi das kirchliche Bundesland.

Schau einmal auf der Karte nach, ob du dein Bistum findest. Dann kannst du auch sehen, in welcher Stadt der Bischofssitz deines Bistum ist.

Karte der Bistümer Deutschlands

Karte der Bistümer Österreichs

Karte der Bistümer der Schweiz

Weißt du, warum die Kirchen am Bischofssitz Kathedralen genannt werden?
Weil in dieser Bischofskirche die Kathedra, der Bischofsstuhl
des Bischofs steht. Auf diesem Platz sitzt auch nur der Bischof selber.

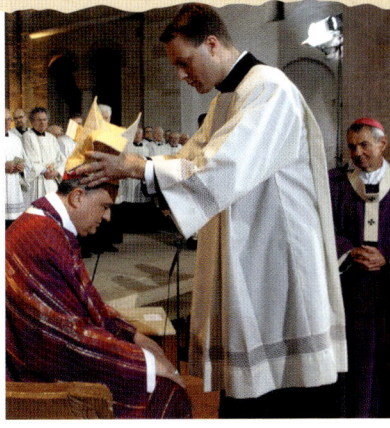

Wer leitet sie?

Der Leiter eines Bistums ist der Bischof.
Wenn du hier den Vergleich mit der Politik-
suchst, dann ist er so etwas wie der
Ministerpräsident deines Bundeslandes.

Nun hat ein Bischof ja viele verschiedene Aufgaben. Er hat sein Bistum zu leiten, das ist mit
viel Arbeit am Schreibtisch verbunden. Aber er ist
auch derjenige, der alle Sakramente, spenden darf.

Amtseinführung von Bischof Karl-
Heinz Wiesemann am 2. März 2008
im Dom zu Speyer.
Auf dem Bild hat Bischof Karl-Heinz
Wiesemann auf seinem Bischofs-
stuhl, der Kathedra, Platz genommen.

Dazu kannst du im Kapitel Sakramente noch einiges erfahren.
Damit er nicht alles allein machen muss, hat er in der Regel noch
Weinbischöfe zur Seite, die ihn in seinen Aufgaben unterstützen.
In der Verwaltung des Bistums unterstützen ihn für die einzelnen Fach-
gebiete Domkapitulare, die du mit Ministern vergleichen kannst.

Ein Bischof hat bestimmte Insignien (Kennzeichen), die ihn als
Bischof erkennbar machen.
Dazu gehören die Mitra, der Bischofsstab (auch Hirtenstab genannt),
das Brustkreuz und der Bischofsring.

Mitra und Bischofsstab trägt der Bischof nur während eines
Gottesdienstes, den Ring und das Kreuz trägt er immer.

Papst Benedikt XVI. zelebriert eine Messe auf dem Krippenplatz am 13. Mai 2009 in Bethlehem

Und der oberste Chef auf Erden, wenn ich das so locker ausdrücken darf, ist der Papst.

Der Papst ist der Stellvertreter Gottes auf Erden und steht in der direkten Nachfolge des Petrus. Jesus selbst hat zu Petrus gesagt: „Du bist Petrus und auf diesen Felsen werde ich meine Kirche bauen." (Mt16,18)
Der Papst ist gleichzeitig auch der Bischof von Rom. Dort hat er auch seinen Bischofssitz. Und zwar im kleinsten Staat der Welt, im Vatikan.

Im Grunde hat er die gleiche Aufgabe wie ein Bischof, nur eben nicht für ein Bistum, sondern für alle Bistümer weltweit. Du kannst dir vorstellen, dass es für den Papst nicht immer so einfach ist, den Überblick zu behalten. Er kümmert sich um die Christen in Afrika und Asien genauso, wie um die Christen in Europa, Australien, Nord- und Südamerika.
Er hat oft Besuch von Bischöfen aus aller Welt und lässt sich informieren, er reist aber auch zu den Menschen.
Selbstverständlich kann der Papst das alles nicht alleine leisten. Er hat viele Mitarbeiter und Berater.
Zu ihnen gehören auch die Kardinäle. Der Kardinalstitel wird vom Papst verliehen und berechtigt seinen Inhaber zur Teilnahme an der Papstwahl. Er nimmt ihn aber auch in die besondere Mitverantwortung, dem Papst bei der Leitung der Kirche zu helfen.

Du kannst den Kardinal an der Farbe seines Gürtels, den er um die Soutane trägt (eine Art langer schwarzer Mantel) von einem Bischof unterscheiden. Der Kardinal trägt rot, der Bischof violett. Der Papst trägt übrigens ein weißes Gewand.

Jetzt hast du so viel von den Ämtern in
der Kirche erfahren!
Vielleicht möchtest du noch wissen,
wie man was wird?

Zum Priesterberuf entscheidet sich ein
junger Mann selber. Er studiert Theologie,
besucht das Priesterseminar und wird
dann zunächst zum Diakon und in der Regel
ein Jahr später zum Priester geweiht.

Bischofsweihe: Der neue Bischof Josef Ratzinger erhält seinen Ring (1977)

Ein Bischof kann nur ein geweihter Priester werden. Er kann direkt
vom Papst ernannt werden, oder wird von einem Gremium eines
Bistums gewählt. Das ist in verschiedenen Bistümern unterschiedlich
geregelt. Die Wahl wird in jedem Fall vom Papst bestätigt. Danach
wird der gewählte Priester zum Bischof geweiht.

Ein Bischof kann nicht „einfach so" aus seinem Amt ausscheiden.
Allein der Papst kann ihn aus seinem Amt entlassen.

Ein Kardinal wird vom Papst ernannt. In einem feierlichen Gottesdienst erhalten die Kardinäle vom Papst als Zeichen ihrer
Kardinalswürde einen roten Hut, das Birett. Die Kardinäle sind
berechtigt, den Papst zu wählen und zur besonderen Mitverantwortung in der Gesamtleitung der Kirche verpflichtet.

Das rote Birett. Die rote Farbe soll
darauf hinweisen, dass die Kardinäle,
wie die Märtyrer, bis in den Tod
ihrem Glauben treu sein sollen.

Und wie wird man Papst?
Das ist eine ganz spannende Geschichte, die ich dir hier kurz
erzählen möchte.
Wenn ein Papst gestorben ist, tritt in Rom die Versammlung der
Kardinäle zum Konklave, der Wahlversammlung, zusammen.
Die Kardinäle treffen sich aber nicht einfach in irgendeinem Saal.
Eine Papstwahl ist eine hochgeheime Angelegenheit. Außer den

beteiligten Kardinälen darf niemand anders irgendwelche Einzelheiten erfahren und auch niemand die Kardinäle von außen beeinflussen. Deshalb findet das Konklave hinter den verschlossenen Türen der Sixtinischen Kapelle im Vatikan statt. Einmal dort angekommen, dürfen die Bischöfe diesen Bereich erst wieder verlassen, wenn der neue Papst gewählt ist.

Das Wort Konklave ist lateinischen Ursprungs (von *con claudere*, gemeinsam einschließen), wird aber fälschlich meist „mit dem Schlüssel" (cum clave) übersetzt. Es bezeichnet sowohl den abgeschlossenen Raum, in dem die Papstwahl stattfindet, als auch die Zusammenkunft der wahlberechtigten Kardinäle selbst.

Konklave, Papst Johannes Paul II. ist am Abend des 2. April 2005 im Vatikan gestorben. Daraufhin stand die Wahl eines neuen Papstes an. Im Bild siehst du den Einzug der Kardinäle am 18. April 2005 in die Sixtinische Kapelle. 115 Kardinäle nehmen am Konklave teil, um einen Nachfolger für Papst Johannes Paul II. zu wählen. Die Kardinäle legten einen Eid ab, der sie auf die von Johannes Paul II. 1996 festgelegten Wahlvorschriften festlegte. Außerdem schworen sie, die Vorgänge im Konklave geheim zu halten und niemals im Auftrag oder in Abhängigkeit Dritter zu wählen.

Nun weißt du, dass es heute viele moderne Medien gibt! Auch die Kardinäle haben Handys und nutzen das Internet. Aber all das ist für die Zeit des Konklave tabu! Niemand darf rein, niemand heraus. Die Kardinäle dürfen mit niemanden über die Wahl sprechen, auch nicht nach der Wahl! Es bleibt ein Geheimnis, was hinter diesen Türen während der Papstwahl gesprochen wurde.

Sogar die Wahlzettel werden nach jedem Wahlgang verbrannt. Das ist das einzige Zeichen, was nach außen dringt! Der Rauch aus dem Schornstein des Ofens in der Sixtinischen Kapelle. Und an diesem Rauch kann man auch sehen, ob die Kardinäle sich schon auf einen Papst einigen konnten, oder ob noch mal gewählt werden muss. Solange es noch keinen neuen Papst gibt, ist der Rauch schwarz. Steigt weißer Rauch auf, heißt das „Habemus papam!" Wir haben einen neuen Papst.

Ich kann mich noch gut an die Wahl von Papst Benedikt XVI. erinnern. Was waren das spannende Tage. Es wurde viel spekuliert und durch das Fernsehen konnte man rund um die Uhr live in Rom mit dabei sein. Dann endlich stieg wieder Rauch auf! Aber war er nun weiß, oder schwarz? Es dauerte ein paar Minuten, bis klar war: Es ist weißer Rauch, wir haben einen neuen Papst! Die Glocken des Petersdomes verkündeten es in diesem Moment mit Festgeläut.

Die Menschen in Rom rannten zum Petersplatz. Auch hier, in meiner Gemeinde verbreitete sich die Nachricht wie ein Lauffeuer: Habemus papam! Die Freude war groß! Und dann die spannende Frage: Wer ist es denn?
Endlich: Auf dem Balkon des Vatikanischen Palastes erschien der ranghöchste der Kardinäle und verkündete in lateinischer Sprache:

„Ich verkünde euch große Freude:
Wir haben einen Papst!
Seine Eminenz den hochwürdigsten Herrn,
Herrn Joseph,
der Heiligen Römischen Kirche Kardinal Ratzinger,
welcher sich den Namen Benedikt XVI. gegeben hat."

Die letzten Worte des Kardinals gingen in einem unbeschreiblichen Jubel unter. Und dann trat Papst Benedikt auf den Balkon und zeigte sich den begeisterten Gläubigen.
Es war unglaublich spannend, das alles mit zu erleben!

Übrigens hat ein Papst nach seiner Wahl auch etwas Zeit zu überlegen, ob er sein Amt antreten möchte. Erst wenn er zugestimmt hat, wird die Wahl bekannt gegeben. Da ja nichts draußen erzählt werden darf, ist nicht bekannt, ob es schon einmal einen Papst gegeben hat, der sein Amt nicht übernommen hat.

Die Grundpfeiler der kirchlichen Dienste

Nun weißt du, wie die Kirche „funktioniert", welche Ämter es gibt.

Jetzt möchte ich dir noch die drei großen Aufgabengebiete zeigen,
die so etwas wie die Grundpfeiler der kirchlichen Dienste sind.

Liturgie	Diakonie / Caritas	Verkündigung
Die Feier der Gottesdienste	„Dienst am Menschen"	Weitertragen der frohen Botschaft
Die Spendung der Sakramente	Sorge für die Menschen, die in Not geraten sind, die Hilfe brauchen Sorge für die Alten und Kranken	Von Gott erzählen, z.B. im Religionsunterricht Vorbereitung auf die Sakramente

Jesus Christus

Liturgie, das ist die Feier der Gottesdienste und die Spendung der
Sakramente.

Diakonie/Caritas, das ist der Dienst an den Menschen, die Sorge für
die Menschen, die in Not geraten sind, die Hilfe brauchen. Im Blick
auf die eigene Gemeinde und im Blick auf die Weltkirche.
In besonderer Weise gilt diese Sorge auch den Alten und Kranken in
den Gemeinden.

Verkündigung heißt, das Wort Gottes weiter zu tragen, die Frohe
Botschaft zu verkünden. In besonderer Weise geschieht das außerhalb
der Gottesdienste im Religionsunterricht, in der Vorbereitung auf
die Sakramente. (Taufpastoral, Erstkommunion- und Firmvorbereitung)

Die Kirche –das Haus Gottes – das Gotteshaus

Die vielen Kirchen und das eine Haus Gottes

Nachdem du so viel über die Kirche als „Volk Gottes" erfahren hast, lass uns jetzt auch einen Blick in die Kirche als Bauwerk – als Haus Gottes werfen. Denn da gibt es viel zu entdecken!

Sicher hast du schon mehrere Kirchen gesehen und warst auch schon einmal in einer Kirche. Vielleicht ist dir aufgefallen, dass Kirchen ganz unterschiedlich gebaut und gestaltet sind, je nachdem wo, wann und für wen sie gebaut wurden.
An der Art und Weise, wie manche Gebäude gestaltet sind, kannst du oft sofort erkennen, dass es sich um eine Kirche handelt: Sie haben in der Regel einen oder zwei Türme, ein meist langgezogenes Kirchenschiff und die für Kirchen typischen Fensterformen.

Bei modernen Bauwerken musst du vielleicht zweimal hinschauen, um sie als Kirche zu erkennen.
Kirchen aus der Barockzeit, also vor ca. 3-400 Jahren, sind oft prachtvoll ausgeschmückt, mit vielen Bildern und Figuren. Moderne Kirchen sind meist viel einfacher gestaltet. In manchen Kirchen erzählen kunstvoll gestaltete Fenster Geschichten aus der Bibel oder dem Leben Heiliger.
Jede Kirche hat also ihr eigenes Aussehen, ihre eigene Gestaltung, die sehr stark von ihrer Entstehungszeit geprägt ist. Alle haben eines gemeinsam: Sie sind Haus Gottes - Gotteshäuser!
Hier kommen Menschen zum Gebet und zur Messfeier zusammen, hier können wir Gottes Nähe in besonderer Weise erfahren.

Romanik

Gotik

Moderne

In jeder Kirche wohnt Gott. Sie ist also ein besonderer Ort.
Selbstverständlich bleibt hier das Handy aus, der Kaugummi im Papier,
die Kappe vom Kopf und der Krawall auf der Straße.

So verschieden die Kirchen vom Baustil und vom Aussehen her auch
sein können, haben sie doch viele Gemeinsamkeiten. Das wollen wir
uns einmal gemeinsam ansehen.
Lass uns also zu einem Rundgang durch die Kirche starten:

Das Weihwasserbecken

Wenn du die Kirche betrittst, findest du in der Nähe der Eingangstür
ein Weihwasserbecken.
Du kannst die Finger deiner Hand in dieses Wasser eintauchen,
das Kreuzzeichen machen und beten:
„Im Namen des Vaters und des Sohnes und des Heiligen Geistes. Amen"

Weihwasser und Kreuzzeichen erinnern an deine Taufe.
Du wurdest im Namen des Vaters und des Sohnes und
des Heiligen Geistes mit Wasser getauft.
Das Kreuzzeichen am Eingang der Kirche
ist auch ein Gruß: *„Guten Tag, lieber Gott.
Ich bin hier in deinem Haus."*

Das Kreuz

In jeder Kirche findest du ein Kreuz im Altarraum, dem Zentrum
jedes Gotteshauses. Es zeigt den gekreuzigten Christus. Das
Kreuz ist das Zeichen der Christen geworden und erinnert uns
an Jesu Tod, aber auch an seine Auferstehung.
Es hängt oder steht im Altarraum, weil in jedem Gottesdienst
Jesu Tod und Auferstehung in der Eucharistie gefeiert wird.

Der Altar

Was hat eigentlich ein Altar, ursprünglich ein Ort zur Darbringung von Opfern, mit dem Tisch in unseren Kirchen zu tun?

Lass uns einmal ganz weit zurückschauen. Schon die Bibel berichtet im Alten Testament von Altären. Das waren damals Stätten, an denen Brandopfer dargebracht wurden. Opfertiere wurden geschlachtet und verbrannt. Der Altar als ein Ort der besonderen Nähe Gottes.

Im Christentum ist die Feier der Eucharistie Ausdruck der besonderen Nähe Gottes. Deshalb wird die Eucharistie am Altar gefeiert.

Bist du schon einmal in einer ganz alten Kirche gewesen? Da kannst du noch die alten Altäre sehen, bei denen der Altartisch von kunstvollen Bildern und Skulpturen umrahmt ist. An diesen Altären feierte der Priester die Hl. Messe „mit dem Rücken zum Volk", hingewandt zu diesem prächtigen Altar.

Du kannst dir vorstellen, dass die Gläubigen gar nicht immer alles mitbekamen, was da vorne geschah. Zum einen war der Priester sehr weit weg von der Gemeinde, dann sah man ihn die meiste Zeit nur von hinten und alle Gebete und Texte wurden lateinisch gesprochen.

Da haben wir es heute etwas einfacher. Der Altarraum ist näher an die Gemeinde gerückt, wir können den Priester sehen, wenn er die Messe feiert und Lieder, Texte und Gebete sind allgemein verständlich.

Der Tabernakel

Bestimmt hast du im Altarraum deiner Kirche schon eine Art „Schrank"
entdeckt, vor dem eine besondere Kerze - meist ein Öllicht - in einem
roten Glasbehälter brennt?

Diesen „Schrank" nennt man Tabernakel,
das heißt übersetzt: Zelt. Gott hat ein Zelt
in der Kirche?!
Es ist das Zelt der Gegenwart Gottes
unter den Menschen. Im 2. Buch
Mose, dem Buch Exodus (Ex
30,44) kannst du nachlesen,
dass schon das Volk Israel
auf seiner Wanderung durch
die Wüste das heilige
Zelt der Bundeslade mit
sich führte.

Im Tabernakel wird
das Heilige Brot, der Leib
Christi, aufbewahrt.
Das heißt: Gott ist wirk-
lich hier in dieser Kirche,
in diesem Brot. Deshalb
brennt vor dem Tabernakel
auch diese besondere Kerze,
das EWIGE LICHT. Es zeigt uns:
Gott ist da!
Um Gott zu ehren, machen wir vor
dem Tabernakel eine Kniebeuge.
Entweder, wenn wir davor stehen oder
beim Betreten und Verlassen der Kirche.

Das Marienbild

In jeder Kirche findet sich ein Bild von Maria, der Mutter Gottes, oder eine Marienfigur.

Meist sind die Bilder oder Figuren besonders schön geschmückt. Einige Kirchen haben eigene kleine Marienkapellen.

Damit ehren wir die Mutter Jesu. Maria hat ihren Sohn Jesus geliebt und für ihn gesorgt, so wie deine Mama dich lieb hat und für dich sorgt. Sie hat ihn durchs Leben begleitet bis hin zu seinem Tod am Kreuz. Maria weiß, wie eine Mutter fühlt, wenn es ihrem Kind nicht gut geht. Sie weiß, wie schlimm es für eine Mutter ist, wenn sie ihr Kind verliert.

Maria ist nicht nur die Mutter Jesu, sie ist auch für uns wie eine Mutter. Deshalb gehen viele Menschen mit ihren Sorgen und Anliegen auch zu Maria und beten zu ihr. Wir glauben, dass Maria bei Gott für uns bittet.

Die Opferkerzen

Manchmal stehen sie bei dem Marienbild, manchmal an einer anderen Stelle der Kirche: Die Opferkerzen. Das sind Kerzen, die man gegen eine kleine Spende aufstellen und anzünden kann. Eine solche Kerze kann unser Gebet für andere oder für uns selbst begleiten. Mit der Kerze wollen wir sagen: Jesus ist unser Licht. Er ist für uns da und schenkt uns seine Liebe.

Vielleicht hast du schon einmal eine Kerze für einen Verstorbenen angezündet, oder für einen Menschen der krank war. Vielleicht verbunden mit einer Bitte, oder als Dankeschön für einen besonders schönen Tag oder ein besonderes Erlebnis.

Sicher kannst du in deiner Kirche
noch viel mehr interessante und
spannende Dinge entdecken. Vielleicht erzählen die Kirchenfenster
Geschichten aus dem Leben Jesu.
Oder es gibt dort ein spannendes
Altarbild, schön gemalt oder ge-
schnitzt. Vielleicht gibt es gerade
in deiner Kirche eine besonders
schöne Orgel?!.

Weißt du, wie deine Kirche heißt? Jede Kirche hat einen
Namen, so wie jeder von uns. Gibt es in deiner Kirche
ein Bild oder eine Figur des oder der Heiligen, dem oder
der die Kirche geweiht ist?

Du möchtest deine Kirche näher kennen lernen? Dann frag doch
einfach mal in deiner Gemeinde nach, wer dich und vielleicht auch
andere interessierte Kinder einmal durch eure Kirche führen kann.

Hättest du gedacht, dass es zu dem Begriff Kirche so viele verschiedene
Aspekte gibt?

Die Kirche – als das Volk Gottes, also die Gemeinschaft aller Gläubigen
Die Kirche – als Institution mit all ihren Ämtern
Die Kirche – als Haus Gottes

In einem alten Kirchenlied im Gotteslob heißt es: „Die Kirche ist erbauet
auf Jesus Christ allein. (…) Lasst fest auf diesem Grund, uns steh`n
zu aller Stund!" (GL 639,2)

Der Gottesdienst

Ein besonderes Fest

Die Heilige Messe –
Ablauf und Elemente

Andere Gottes-
dienstformen

Liturgische Farben

Ein besonderes Fest

Gott lädt uns ein in sein Haus. Wir kommen in der Kirche zusammen, um Gottesdienst zu feiern. Im Gottesdienst kommen Menschen zusammen, um mit Gott Gemeinschaft zu haben. Wir feiern Gott in unserer Mitte. In der Feier der Heiligen Messe feiern wir ein besonderes Fest: Eucharistie. Das heißt Danksagung. Doch wofür sagen wir DANKE??

Der Evangelist Lukas hat folgendes aufgeschrieben:

Während des Mahls nahm Jesus das Brot und sprach den Lobpreis; dann brach er das Brot, reichte es den Jüngern und sagte: Nehmt und esst; das ist mein Leib. Dann nahm er den Kelch, sprach das Dankgebet und reichte ihn den Jüngern mit den Worten: Trinkt alle daraus; das ist mein Blut, das Blut des Bundes, das für viele vergossen wird zur Vergebung der Sünden. (nach Lk 22,26-28)

So, wie die Freunde Jesu später noch oft dieses Mahl miteinander gefeiert haben, genau so feiern auch wir jetzt dieses Mahl miteinander. Wir teilen das Brot, ganz so, wie Jesus es uns aufgetragen hat. Und wir wissen: Jetzt ist Jesus Christus ganz bei uns, hier in Brot und Wein.

Das letzte Abendmahl, Gemälde (o.J.) von Peter Paul Rubens (1577-1640), Mailand, Pinacoteca di Brera

Die Heilige Messe – Ablauf und Elemente

Auch wenn du den Ablauf der Heiligen Messe kennst, ist es sicher interessant, die einzelnen Elemente noch einmal genauer anzuschauen, indem erklärt wird, was wann kommt und wie es zu verstehen ist?

Dabei überlegen wir, warum wir während des Gottesdienstes Sitzen, Stehen und Knien. Sind das gymnastische Übungen, will der Priester damit verhindern, dass die Gemeinde einschläft, oder hat das vielleicht doch einen tieferen Sinn?

Die Eröffnung

Die Feier beginnt mit der Eröffnung. Mit dem Einzug des Priesters und der Messdiener und dem Eröffnungsgesang beginnen wir den Gottesdienst. *Dazu stehen wir auf.*

Aufstehen heißt hier: Das Fest beginnt.
Das Stehen zeigt: Ich bin da!

Gott hat uns eingeladen und freut sich, dass wir, dass du gekommen bist.Die Feier der Messe beginnt mit einer Begrüßung, so, wie du deine Freunde begrüßt, wenn ihr euch trefft. Ihr sagt: „Hallo!" In der Messe ist die Begrüßung das Kreuzeichen und der Gruß der Kirche: Jesus ist jetzt hier bei uns.

Kreuzzeichen und Segenswunsch

Im Namen des Vaters
und des Sohnes
und des Heilligen Geistes.
*Amen.**

Die Gnade unseres Herrn Jesus Christus,
die Liebe Gottes, des Vaters,
und die Gemeinschaft des Heiligen Geistes
sei mit euch.

Oder

Der Herr sei mit euch
Und mit deinem Geiste.

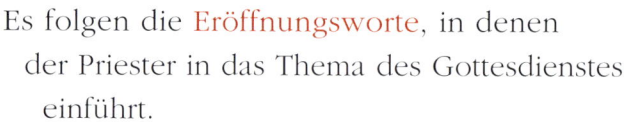

(*Die *kursiv* gesetzten Texte
spricht die Gemeinde).

Es folgen die Eröffnungsworte, in denen
der Priester in das Thema des Gottesdienstes
einführt.

Richtig gut miteinander feiern und fröhlich
sein können wir nur, wenn wir uns
mit den anderen vertragen. Das ist aber
gar nicht immer so einfach.
Der Streit mit der Schwester oder dem
Freund letzte Woche, die Unwahrheit ...
Gott möchte, dass wir fröhlich und ohne
Streitigkeiten Gottesdienst feiern. Deshalb
sagen wir ihm jetzt all das, was nicht so in
Ordnung war: Es tut mir leid, lieber Gott, es war
nicht in Odnung wie ich mich da verhalten habe.

In der Messfeier beten wir:

Das allgemeine Schuldbekenntnis und das Kyrie

Brüder und Schwestern,
damit wir die heiligen Geheimnisse in rechter Weise feiern können,
wollen wir bekennen, dass wir gesündigt haben.

Ich bekenne Gott, dem Allmächtigen,
und allen Brüdern und Schwestern,
dass ich Gutes unterlassen
und Böses getan habe
– ich habe gesündigt
in Gedanken, Worten und Werken –
durch meine Schuld, durch meine Schuld,
durch meine große Schuld.
Darum bitte ich die selige Jungfrau Maria,
alle Engel und Heiligen
und euch, Brüder und Schwestern,
für mich zu beten bei Gott unserem Herrn.

Der allmächtige Gott erbarme sich unser,
Er lasse uns die Sünden nach
und führe uns zu ewigem Leben.
Amen.

Auch diese Form des Gebetes wird oft gewählt:

Herr, erbarme dich unser!	oder:	Kyrie eleison!
Herr, erbarme dich unser!		*Kyrie eleison!*
Christus, erbarme dich unser.		Christe eleison!
Christus, erbarme dich unser!		*Christe eleison!*
Herr, erbarme dich unser!		Kyrie eleison!
Herr, erbarme dich unser!		*Kyrie eleison.*

Mit dem Kyrie-Ruf begrüßen die Christen seit den Anfängen des Christentums Jesus in ihrer Mitte. Der Kyrie-Ruf ist eigentlich eine der kürzesten Glaubensformeln. Es bedeutet soviel, wie Jesus Christus ist der Herr.

Wenn du dich besonders freust, wenn du ganz begeistert bist, rufst du vielleicht: HURRA! In der Kirche rufen wir nicht Hurra, wir singen „GLORIA – EHRE SEI GOTT"; gemeint ist dasselbe. Wir freuen uns, dass Gott uns in sein Haus eingeladen hat, dass wir hier gemeinsam Gottesdienst feiern dürfen. Ist dir schon einmal aufgefallen, dass das Gloria nicht immer gesungen wird? Wir singen es zu besonderen Festen und an allen Sonntagen außerhalb der Advents- und der Fastenzeit. Warum nicht in der Advents- und in der Fastenzeit? Beide Zeiten sind Zeiten der besonderen Vorbereitung. In der Adventszeit bereiten wir uns auf die Geburt Jesu vor. In der Fastenzeit bereiten wir uns auf die Feier der Karwoche vor, in der wir an das Leiden und den Tod Jesu denken. Zu den Hochfesten Weihnachten und Ostern erklingt dann das Gloria besonders festlich: Ehre sei Gott in der Höhe!

Gloria

Ehre sei Gott in der Höhe
und Frieden den Menschen seiner Gnade.
Wir loben dich,
wir preisen dich, wir beten dich an,
wir rühmen dich und danken dir,
denn groß ist deine Herrlichkeit:
Herr und Gott, König des Himmels,
Gott und Vater, Herrscher über das All,
Herr, eingeborener Sohn, Jesus Christus.
Herr und Gott, Lamm Gottes, Sohn des Vaters,
du nimmst hinweg die Sünde der Welt
erbarme dich unser;
du nimmst hinweg die Sünde der Welt:
nimm an unser Gebet;
du sitzest zur Rechten des Vaters:
erbarme dich unser.
Denn du allein bist der Heilige,
du allein der Herr,
du allein der Höchste:
Jesus Christus,
mit dem Heiligen Geist,
zur Ehre Gottes des Vaters.
Amen.

Tagesgebet

Der Priester lädt uns zum Gebet ein. In diesem Gebet werden
alle Bitten und Anliegen gesammelt und es soll uns vorbereiten und
aufmerksam machen für das, was nun im Gottesdienst folgt.
Der Priester singt oder spricht: Lasset uns beten. Das nun folgende
Gebet beschließt die Gemeinde mit: *Amen.*

Der Wortgottesdienst

Für jede Heilige Messe sind
zwei Lesungen vorgeschlagen.
Manchmal werden beide
Lesungen vorgelesen. Manchmal
entscheidet sich der Priester
nur für eine.

Die 1. Lesung stammt aus dem
Alten Testament (dem ersten
Teil der Bibel, der lange vor Jesu
Geburt schon geschrieben
wurde). In der Osterzeit stammt
die 1. Lesung aus der Apostelgeschichte. Dort ist aufgeschrieben, was die Jünger nach
Jesu Tod und Auferstehung
erlebt haben.

> Zur Lesung setzen wir uns hin.
> Im Sitzen kann man gut zuhören.

Die 2. Lesung wird vorgelesen aus den Briefen des Apostels Paulus
(die von den ersten christlichen Gemeinden erzählen), aus den Briefen
anderer Apostel oder aus der Offenbarung des Johannes.

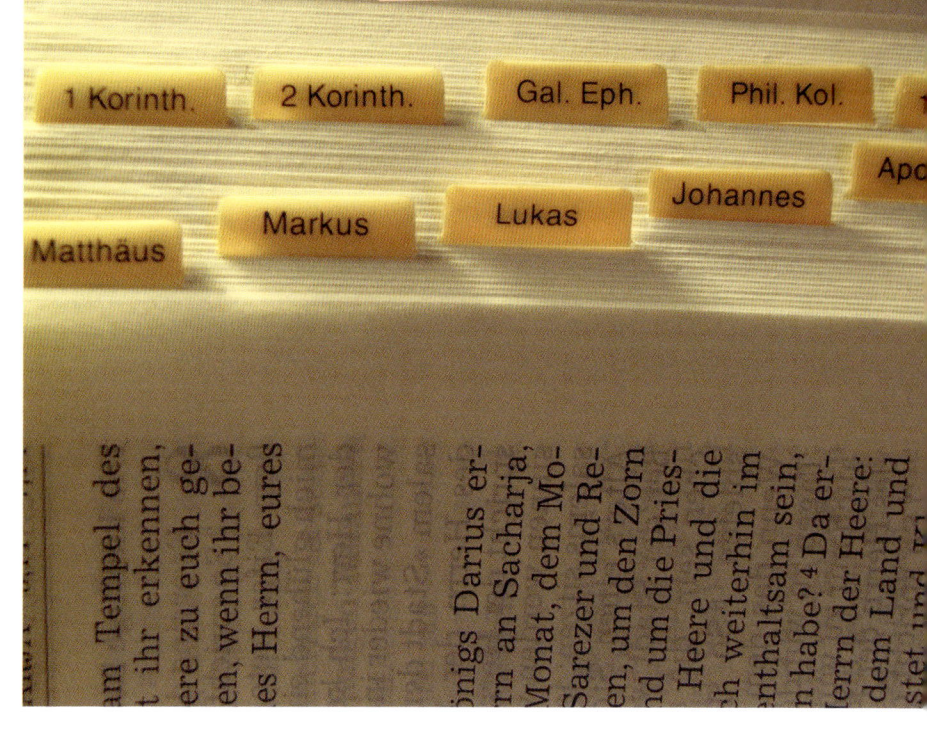

Der Lektor oder die Lektorin, das sind die Männer oder Frauen, die die Lesung vortragen, beenden den Text mit: "Wort des lebendigen Gottes." oder „Das sind die Worte der Lesung."
Die Gemeinde antwortet: *Dank sei Gott.*

Nach der Lesung wird es wieder musikalisch. Hier singt die Gemeinde den Antwort-psalm, das kann ein Lied oder im Wechsel mit einem Kantor oder einer Kantorin (das sind Vorsänger) ein Psalm sein. Psalmen sind Lieder aus der Bibel, die dem König David zugeschrieben werden. Wenn du einmal nachschauen willst, dann schlag in der Bibel im Alten Testament das Buch der Psalmen auf.

Evangelium

Dass das Evangelium besonders wichtig ist, siehst du daran, dass die Gemeinde aufsteht.

Jetzt kommt eine ganz wichtige Geschichte. Sie heißt Evangelium und erzählt aus dem Leben Jesu. Die vier Evangelisten Markus, Matthäus, Lukas und Johannes haben all das aufgeschrieben, was sie über Jesus wußten und was sie den Menschen weitersagen wollten.

Es wird ein besonderer Liedruf, der Ruf vor dem Evangelium, gesungen (außer in der Fastenzeit): das Halleluja.
In vielen Gemeinden wird das Evangeliar (so heißt das große Buch, aus dem das Evangelium vorgelesen wird) in einer feierlichen Prozession zum Ambo, dem Lesepult, getragen.

Der Priester spricht dann:

> Der Herr sei mit euch.

Die Gemeinde antwortet:

> *Und mit deinem Geiste.*

Der Priester spricht:

> Aus dem Heiligen Evangelium nach …

Und die Gemeinde antwortet:

> *Ehre sei dir, o Herr.*

Viele Gläubige zeichnen sich an dieser Stelle
mit dem Daumen ein kleines Kreuz auf die Stirn,
auf den Mund und auf die Brust.
Das ist wie ein stilles Gebet:
„Herr, lass mich dein Wort hören und verstehen.
Lass mich deine Botschaft weitersagen.
Öffne mein Herz für dein Wort."

Jetzt liest der Priester aus einem der vier
Evangelien, die vom Leben Jesu erzählen.
Am Ende sagt er:

> Evangelium unseres Herrn
> Jesus Christus.

Und die Gemeinde antwortet:

> *Lob sei dir, Christus.*

Die Gemeinde setzt sich nun
und hört dem Priester zu.

Predigt

In der Predigt, die nun an der
Reihe ist, erklärt der Priester
die Geschichte, das Evangelium,
das er eben vorgelesen hat.
Zur Zeit Jesu war ja vieles noch
ganz anders, als es in unserer
Zeit ist. Deshalb ist es für uns
heute oft gar nicht so leicht
zu verstehen, was im Evangelium
aufgeschrieben ist.
Der Priester versucht nun, das
Evangelium auf unsere Zeit zu
übertragen, damit wir Menschen
hier und heute auch verstehen,
was Jesus sagen will.

Jesus hat damals vor allem den Menschen
geholfen, die von anderen verachtet wurden,
auf die mit dem Finger gezeigt wurde. Er hat diesen
Menschen zugehört, hat mit ihnen gegessen.
Er hat Kranke geheilt und hat gezeigt: Alle Menschen
sind mir wichtig.

Seine besondere Liebe und Aufmerksamkeit galt den Kindern.
Sogar seinen Freunden hat er der Kopf gewaschen, als sie einmal
die Kinder wegschicken wollten. „Lasst die Kinder zu mir kommen!"
hat er ihnen gesagt, die Kinder in die Arme genommen und
sie gesegnet.
Deshalb freut Jesus sich besonders, wenn auch heute die Kinder
mit in die Kirche kommen.

Vater unser

Jetzt folgt sozusagen das Tischgebet der Messfeier. Das Gebet,
das Jesus schon mit seinen Jüngern gebetet hat:

Wir heißen Kinder Gottes und sind es. Darum beten wir voll Vertrauen:
oder
Lasset uns beten, wie der Herr uns zu beten gelehrt hat.

Vater unser im Himmel,
geheiligt werde dein Name.
Dein Reich komme.
Dein Wille geschehe,
wie im Himmel, so auf Erden.
Unser tägliches Brot gib uns heute.
Und vergib uns unsere Schuld,
wie auch wir vergeben unseren Schuldigern.
Und führe uns nicht in Versuchung,
sondern erlöse uns von dem Bösen.

Erlöse uns Herr, allmächtiger Vater, von allem Bösen
und gib Frieden in unseren Tagen.
Komm uns zur Hilfe mit deinem Erbarmen und
bewahre uns vor Verwirrung und Sünde, damit wir
voll Zuversicht das Kommen unseres Erlösers
Jesus Christus erwarten.

Denn dein ist das Reich und die Kraft
und die Herrlichkeit in Ewigkeit. Amen.

Friedensgebet

Das gemeinsame Essen macht nur Spaß, wenn sich alle vertragen.
Zank und Streit am Tisch verderben allen den Appetit. Deshalb bitten
wir Jesus darum, dass er uns hilft, Frieden zu halten.

Der Priester betet: Der Herr hat zu seinen Aposteln gesagt: Frieden hinterlasse ich euch,
meinen Frieden gebe ich euch. Deshalb bitten wir: Herr Jesus Christus,
schau nicht auf unsere Sünden, sondern auf den Glauben deiner
Kirche und schenke ihr nach deinem Willen Einheit und Frieden.
Der Friede des Herrn sei alle Zeit mit euch.
Und mit deinem Geiste.

Karl Kardinal Lehmann (r.) zusammen mit dem polnischen
Erzbischof Henryk Muszynski aus Gniezno (l.).

In vielen Gemeinden ist es üblich,
dass der Priester die Gemeinde einlädt:
Gebt einander ein Zeichen des Friedens
und der Versöhnung.

Zeit, sich einander die Hände zu reichen
und den Frieden zu wünschen:
Der Friede sei mit dir!

Es folgt das Agnus Dei (Lamm Gottes).
*Lamm Gottes, du nimmst hinweg
die Sünde der Welt.
Erbarme dich unser.
Lamm Gottes, du nimmst hinweg
die Sünde der Welt.
Erbarme dich unser.
Lamm Gottes, du nimmst hinweg
die Sünde der Welt.
Gib uns deinen Frieden.*

Kommunion

Jetzt gleich kommt Jesus in der Kommunion ganz zu den Menschen.

Zur Vorbereitung dieses großen Augenblickes knien wir uns noch einmal hin.

Der Priester hält ein Stück Brot hoch, so dass alle es sehen können und betet:

> Seht das Lamm Gottes,
> das hinweg nimmt die Sünde der Welt.

Gemeinde und Priester beten gemeinsam:
> *Herr, ich bin nicht würdig dass du eingehst unter mein Dach,*
> *aber sprich nur ein Wort, so wird meine Seele gesund.*

Beim Austeilen des Heiligen Brotes sagt der Priester:

> Der Leib Christi.

Die Menschen, die das Brot empfangen, sagen: *Amen.*
Damit bestätigen Sie: Ja, so ist es. Dieses Brot ist Leib Christi.

In vielen Gemeinden – bei euch sicher auch – ist es ein schöner Brauch, dass die Kinder, die noch nicht zum Ersten Mal zur Heiligen Kommunion gegangen sind, mit ihren Eltern und Geschwistern zum Austeilen der Kommunion gehen und vom Priester gesegnet werden. Ein besonderes Zeichen, dass Jesus die Kinder liebt und bei sich haben will. Du bist eingeladen und es ist schön, dass du da bist!

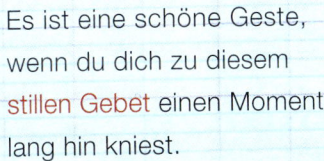
Es ist eine schöne Geste, wenn du dich zu diesem stillen Gebet einen Moment lang hin kniest.

Danach kannst du dich wieder setzen.

Nach der Kommunion ist Zeit für ein stilles Gebet.
Vielleicht fällt dir selber ein, was du dem lieben Gott erzählen möchtest: Was hat dich gefreut? Worüber hast du dich geärgert? Dafür möchtest du DANKE sagen.

Gott hat sich in deine Hand gegeben. Er selbst ist bei dir!

Die Entlassung

Schlussgebet

Wenn der Altartisch wieder abgedeckt ist, spricht der Priester
ein Dankgebet. Genauso, wie du es sicher von zu Hause kennst,
wenn ihr nach dem Essen betet.
Manchmal wird auch ein Danklied (Schlusslied) gesungen.

Segen - Entlassung

Der Gottesdienst ist nun zu Ende.
Zeit, dem lieben Gott „Auf Wiedersehen" zu sagen.
Tschüs, lieber Gott, bis zum nächsten Mal!
Der Priester sagt es mit etwas anderen Worten:
Der Herr sei mit euch.
Und mit deinem Geiste.
Es segne euch der allmächtige Gott,
der Vater, der Sohn und der Heilige Geist.
Amen.
Gehet hin in Frieden.
Dank sei Gott, dem Herrn.

Gott schenkt uns seinen Segen.
Er sagt uns zu: Ich habe euch lieb. Ich bin bei euch!

Ach ja: Aufstehen....... Aber bitte schon zum Segen! Gott beschenkt
uns mit seinem Segen, deshalb wollen wir diesen Segen in auf-
rechter Haltung empfangen. Übrigens ist es auch sonst ein Akt der
Höflichkeit aufzustehen, wenn man jemandem Auf Wiedersehen sagt.

Klar, dass du beim Rausgehen
aus der Kirche an die Kniebeuge denkst und auch beim
Weihwasserbecken noch
einen Zwischenstopp für ein
Kreuzzeichen einlegst.....☺

Andere Gottesdienstformen

Gottesdienst heißt: Wir feiern Gott in unserer Mitte. Die Liturgie bietet neben der Eucharistiefeier, der Feier der Heiligen Messe, noch andere Formen, Gott in unserer Mitte zu feiern.

Die Wort-Gottes-Feier

In dieser Feier liegt der Schwerpunkt auf der Verkündigung von Gottes Wort. Es werden Lesungen vorgetragen, Gebete gesprochen, es wird gemeinsam gesungen, ähnlich dem Wortgottesdienst der Heiligen Messe.

Das Stundengebet

Das Stundengebet der Kirche kommt dem Apostel-wort „Betet ohne Unterlass" (1 Tess 5,17) nach. An einer anderen Stelle in der Bibel im Psalm 119 heißt es: „Siebenmal am Tag singe ich dein Lob und nachts stehe ich auf, um dich zu preisen." In diesem Gebet bringen die Betenden die Tag-zeiten mit ihren Besonderheiten vor Gott und lassen so das Gebet rund um die Erde nicht abreißen. Priester und Ordensleute sind verpflichtet, die Gebetszeiten nicht nur persönlich, sondern auch stellvertretend für die ihnen anvertrauten Gläubigen zu beten. Sie vollziehen damit einen liturgischen Dienst.
Aber auch alle anderen Gläubigen sind einge-laden, an den Gebetszeiten teilzunehmen.

Kreuzgang der Abbaye de Fontevraud in Frankreich

Ein Gebetbuch für Laien (Horarium, Horae) mit Texten für die einzelnen Horen. Das Buch ist mit Buchmalereien (Miniaturen) gestaltet.

Vielleicht bist du schon einmal in einem Kloster gewesen und hast in der Klosterkapelle ein Gebet miterlebt?
Die sieben Gebetszeiten haben lateinische Namen.
Die Vigil, das heißt so viel, wie „Wache", ist die erste Gebetszeit. Sie wird in der Nacht oder am frühen Morgen gebetet.
Die Laudes, das Morgenlob, wird üblicherweise zwischen 6 und 8 Uhr gehalten.
Im Laufe des Tages soll die Arbeit von drei kleinen Gebetszeiten unterbrochen werden. Um etwa 9 Uhr von der Terz, um 12 Uhr von der Sext und um 15 Uhr von der Non. Mit der Vesper endet die Arbeit des Tages. Sie wird um ca. 18 Uhr gebetet. Der Tag wird beendet mit dem Nachtgebet, der Komplet.

Du kannst dir vorstellen, dass es für einen Priester sehr schwer ist, diese Gebetszeiten genau nach der Uhrzeit einzuhalten. Die wenigsten Priester haben auch ein Kloster in erreichbarer Nähe, wo sie am gemeinsamen Stundengebet teilnehmen könnten. Deshalb haben die Priester ein eigenes Gebetbuch, das Brevier, in dem das tägliche Stundengebet zusammengefasst ist, so dass sie es in ihrem Tagesablauf privat beten können.

Jetzt willst du aber bestimmt noch wissen, was denn nun der Inhalt dieser Gebetszeiten ist?
Sie bestehen aus Hymnen (das ist ein anderes Wort für Lieder), Psalmen, Lesungen und Fürbitten.

Vielleicht bekommst du einen Schreck und denkst: Meine Güte, so oft und viel beten?!
Ich finde es schön zu wissen, dass es Menschen rund um die Erde gibt, die uns in einem solch regelmäßigen Gebet mit tragen.

Du und ich, wir können ja klein anfangen. Was meinst du? Wenn jeder von uns den Tag mit einem kleinen Gebet beginnt; du vor der Schule, ich bevor ich zur Arbeit gehe.

Mittags zu Tisch beten wir sowieso, oder? Und abends den Tag mit einem Gebet zu beschließen, finde ich eine gute Sache. Dabei können wir noch mal schauen: Wie war der Tag? Was war gut? Was ist mir nicht gelungen. Das erzähle ich dem lieben Gott und bitte ihn um den Segen für die Nacht.

Ich denke, das kriegen wir hin, du, und ich auch!

Die Prozession

Eigentlich weiß ich ja, was eine Prozession ist. Dann wollte ich aber doch mal lieber nachschauen, wie das Lexikon den Begriff erklärt:

> Prozession „Voranschreiten" (lat.), Feierliche Umzüge aus religiösem Anlass, verbunden mit Gebet und Gesang. (so gefunden bei www.kath.de)

Warst du schon einmal bei einer Prozession? Bestimmt! Denn am Palmsonntag ziehen die Gläubigen in einer feierlichen Prozession mit Palmzweigen in die Kirche ein. Und beim Fest der Erstkommunion ziehen die Kommunionkinder meist in einer Prozession in die Kirche ein.

Dann gibt es aber noch eine andere Prozession: Die Fronleichnams-prozession. An diesem Tag ehren wir Gottes Gegenwart im Heili-gen Brot in besonderer Weise. In vielen Gemeinden finden deshalb Fronleichnamsprozessionen statt. Der Leib Christi wird in einer Monstranz (einem kostbaren „Zeigegefäß") aus der Kirche heraus durch die Straßen und die Felder getragen, begleitet von meist vielen Gläubigen. An verschiedenen Stationen wird Halt gemacht, gesungen und gebetet und der Segen Gottes erbeten.

An den Stationen stehen geschmückte Altäre, oft zieren schön gestaltete Blumenteppiche die Wege. Die Straßen sind mit Fahnen und frischem Grün geschmückt.
Die Prozession zeigt in besonderer Weise: Jesus ist mit seinem Volk unterwegs. Gott schenkt sich uns im Brot und dieses Brot wollen wir in besonderer Weise verehren.

Die Anbetung

Anbetung heißt, Gott in den Mittelpunkt stellen. Jetzt kannst du sagen: „Aber das tun wir doch in jedem Gottesdienst?" Du hast Recht, aber in einer Anbetungsstunde tun wir das in ganz besonderer Weise. Da kannst du versuchen, vor Gott ganz still zu werden und ihn zum Dreh- und Angelpunkt deiner Gedanken zu machen; mit ihm ins Gespräch zu kommen. Du kannst versuchen, dich für das zu öffnen, was er dir sagen möchte. Eine Anbetung ist geprägt vom Wechsel zwischen gemeinsamen Gebet und stillem, persönlichen Gebet.

In einer Anbetungsstunde ist Gott nicht nur in Gedanken und im Gebet in unserer Mitte, sondern im eucharistischen Brot, geborgen in einer Monstranz.

Eine Monstranz ist ein „Zeigegefäß". Der lateinische Namen leitet sich von „monstrare" (zeigen) ab.

Mit der Monstranz wird uns Jesus in der Gestalt des Brotes gezeigt. Weil sie das „Allerheiligste" birgt, ist die Monstranz ein sehr kostbares und meist auch sehr kunstvoll und aufwändig gestaltetes Gefäß. Sie ist seit dem 13. Jhd. üblich.

Die Custodia ist das schlichtere Aufbewahrungsgefäß für das Allerheiligste im Tabernakel. Der lateinische Name leitet sich von „custodire" (bewachen, beschützen) ab.

Lunula (Möndchen) nennt man die sichelförmige Halteklammer für die Hostie.

Als Zeichen der Verehrung Gottes wird die Monstranz mit dem Allerheiligsten im Rahmen der Anbetung inzensiert. (Du kannst auch sagen: Beweihräuchert)

Der Weihrauch ist übrigens eine Mischung aus verschiedenen Harzen und wird mit einer glühenden Kohle im Weihrauchfass entzündet. Das inzensieren (beräuchern) von Kreuz, Altar, Evangeliar, den Gaben auf dem Altar und dem Allerheiligsten ist ein Zeichen der Verehrung. So, wie der Rauch zum Himmel empor steigt, so sollen unsere Gebete zu Gott empor steigen.

Liturgische Farben

Eins ist vielleicht noch interessant ... Ist dir schon einmal aufgefallen, dass der Priester je nach Jahreszeit im Kirchenjahr andersfarbige Messgewänder trägt?

Die Farben der Messgewänder nennt man liturgische Farben und haben, du ahnst es schon, besondere Bedeutungen.

Weiß ist den Hochfesten vorbehalten: Ostern, Weihnachten, Fronleichnam und Christkönig zum Beispiel.

Rot trägt der Priester an Pfingsten, Karfreitag und zu Märtyrerfesten.

Violett ist die Farbe des Adventes und der Fastenzeit und kann auch zu Beerdigungen an Stelle eines schwarzen Gewandes getragen werden.

Grün ist sozusagen die Alltagsfarbe und wird an allen übrigen Tagen im Kirchenjahr getragen.

Märtyrer sind Menschen, die um ihres Glaubens Willen das Leben verloren haben, z.B. der Hl. Stephanus

Meine Lieblingsfarbe ist Rosa. Jetzt wunderst du dich bestimmt! Aber vielleicht hast du schon mal ein rosa Messgewand gesehen. Getragen werden kann es nur an 2 Tagen im Jahr: Am dritten Advent (Gaudete) und zu Laetare, dem 4. Fastensonntag. Gaudete und Laetare bedeuten soviel wie „Freut euch!" Diese Sonntage drücken die Vorfreude auf Weihnachten und auf Ostern aus und unterbrechen sozusagen, die Vorbereitungszeiten auf Weihnachten und Ostern.

Die liturgischen Farben im Kirchenjahr

Das Wasser

Ohne Wasser keine Taufe!
Wo kein Wasser ist, ist kein Leben. Du weißt das ohne
Wasser die Erde austrocknet und nichts wachsen kann.
Wasser ist für alles Leben lebenswichtig!

Wasser reinigt aber auch. Du hast bestimmt schon erlebt,
wie erfrischend eine Dusche oder ein Bad sein kann,
wenn du so richtig dreckig und verschwitzt vom Sport nach
Hause kommst.

Die Taufe mit Wasser sagt uns: Wasser ist die Quelle
allen Lebens. Genauso ist Gott. Weil ER da ist, können wir leben. Er hat uns unser Leben geschenkt.
Wasser reinigt. In der Taufe wird alles das von uns
weggenommen, was uns von Gott trennen kann.
Wir dürfen darauf vertrauen: Wir sind Kinder Gottes,
wir dürfen mit allem, was uns freut, was uns Angst
macht, oder was uns traurig macht, zu Gott kommen.
Er ist wie ein guter Vater.

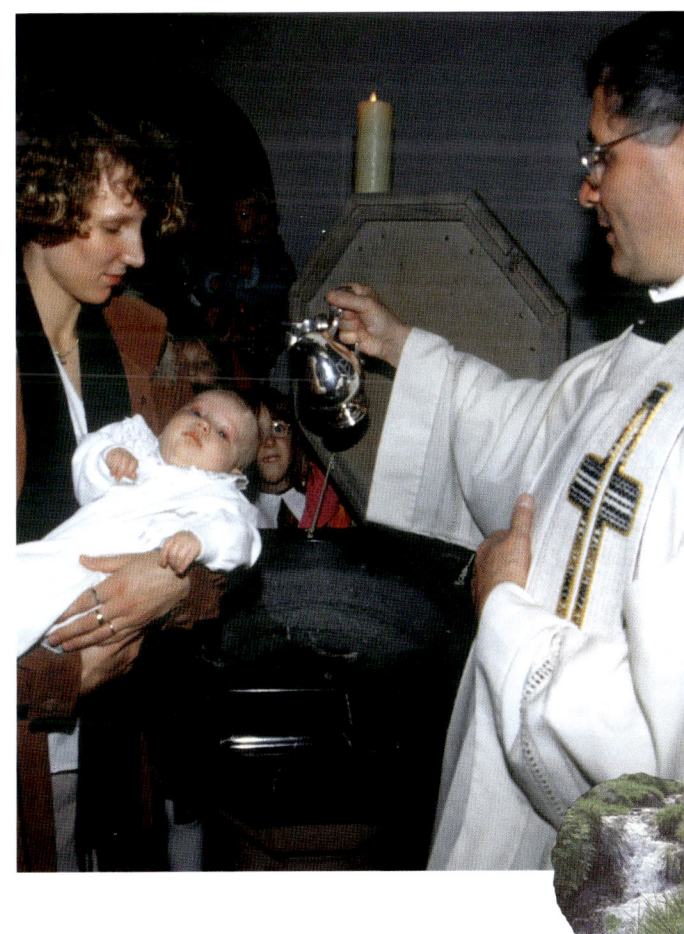

Nach der Taufe mit Wasser erhält der Neugetaufte
mit Chrisam ein Kreuzzeichen auf den Scheitel. Chrisam besteht aus reinem Olivenöl und Balsam (einer
Mischung von Harzen mit ätherischen Ölen).
Öl und Duftstoffe symbolisieren viel: Der Prophet
Samuel begoss mit Öl die Häupter von Saul und
David, um sie zu Königen zu salben. Öl wurde auch
zur Wundheilung verwendet. Die Salbung mit Chrisam
zeigt: Wir haben Gemeinschaft mit Jesus Christus,
dem Gesalbten, dem Priester, König und Propheten.

Das Licht

Bei der Tauffeier wird die Taufkerze an der Osterkerze entzündet und den Eltern feierlich überreicht.

Christus möchte Licht sein in unserem Leben.
Er möchte auch, dass wir mit unserem Leben Licht
sind für andere. Die Osterkerze, das Symbol für
die Auferstehung Jesu zeigt uns, genau wie unsere
Taufkerze: Gott ist mitten unter uns. Er begleitet
uns mit seinem Licht und seinem Segen durch unser
Leben. „Seid gewiss: Ich bin bei euch alle Tage bis
zum Ende der Welt." (Mt 28,20)

Das Taufkleid

Bei der Tauffeier überreicht der Priester dem
Täufling ein weißes Kleid mit den Worten:
„NN dieses weiße Kleid soll dir ein Zeichen
dafür sein, dass du in der Taufe neu geschaffen worden bist und – wie die Schrift sagt –
Christus angezogen hast. Bewahre diese Würde
für dein Leben."

„Christus anziehen" hört sich komisch an,
aber es soll heißen: Du gehörst jetzt zu
Christus, zur Gemeinschaft der Kirche,
du bist ein Kind Gottes.

Der Namen

Gott spricht jeden von uns persönlich an.
Er ruft uns bei unserem Namen.
Beim Propheten Jesaja steht ganz deutlich:
„Ich habe dich beim Namen gerufen,
du bist mein!" (Jes 43,1)
Das erste Mal von Gott beim Namen gerufen werden wir in der Taufe, wenn
der Priester sagt: „NN ich taufe dich im
Namen des Vaters und des Sohnes und
des Heiligen Geistes!"
Der Täufling wird mit dem Namen angesprochen, den seine Eltern ihm gegeben
haben. Gott kennt auch dich bei deinem
Namen. Du bist für Gott keine Nummer,
sondern ein einzigartiges Geschöpf.

Mit einem Menschen, den du mit Namen
kennst, verbindest du etwas. Du weißt,
wie er aussieht, wo er wohnt und woher
du ihn kennst. So gut und noch viel
besser kennt Gott jeden einzelnen Menschen. Er weiß, wer wir sind und er
hält seine schützende Hand über uns,
weil er uns liebt.

Heiliger Josef

Dein Name macht dich unverwechselbar! Hast du schon mal deine Eltern
gefragt, warum sie dir diesen Namen gegeben haben, den du trägst?
Hast du schon einmal in einem Namenslexikon nachgeschaut, welche
Bedeutung dein Name hat? Oder wer dein Namenspatron ist?

Ganz schön spannend, welchen großen Namen man vielleicht trägt.

Das Sakrament der Versöhnung

Jesus erzählte seinen Zuhörern folgendes Gleichnis:
Ein Mann hatte zwei Söhne. Der jüngere sagte zu seinem Vater:
„Vater, gib mir den Teil des Erbes, der mir zusteht." Da teilte
der Vater das Vermögen auf.

Die Rückkehr des verlorenen Sohnes",
Rembrandt Harmensz van Rijn [1606-1669],
St. Petersburg, Eremitage

Gleich packte der jüngere Sohn seine Sachen
und zog in ein fernes Land.
Dort lebte er in Saus und Braus und gab
das ganze Geld aus.
Dann kam eine große Hungersnot und
er hatte nichts mehr zu essen.

Er arbeitete als Schweinehirt. Gern hätte
er wenigstens das Schweinefutter gegessen,
aber nicht einmal das bekam er.

Da fing er an zu überlegen: „Alle Arbeiter
meines Vaters haben mehr als genug zu essen
und ich komme hier vor Hunger fast um.
Ich will zu meinem Vater zurückkehren und
ihm sagen: Ich habe alles falsch gemacht.
Ich bin nicht mehr wert, dein Sohn zu sein.
Mach mich zu einem deiner Arbeiter."
Dann kehrte er zu seinem Vater zurück.

Der Vater sah ihn schon von weitem kommen.
Er freute sich unglaublich, seinen Sohn wieder zu sehen.
Er hatte Mitleid mit ihm und lief ihm entgegen.

Dann fiel er ihm um den Hals und küsste ihn. Und sie feierten ein
fröhliches Fest. Lk 15,11-24

(Aus: Pia Biehl, Mein Fest der Erstkommunion, Verlag Katholisches Bibelwerk GmbH, Stuttgart 1998)

Im Sakrament der Versöhnung schenkt
uns Gott seine ganze Liebe. Wenn du ihm
sagst: „Lieber Gott, das habe ich falsch
gemacht. Es tut mir leid und ich will versuchen, es besser zu machen.", nimmt
er alle Sünden von dir und du darfst ganz
vorne anfangen, wie in einem Buch mit
lauter weißen Seiten.

Es braucht viel Mut umzukehren, wenn
man auf dem falschen Weg ist.
Du kennst das vielleicht: Du hast etwas
getan, was nicht in Ordnung ist und das
weißt du auch. Aber es fällt dir schwer,
das zuzugeben. Es ist gar nicht so leicht,
umzukehren, den Mut zu haben und
zu sagen: Das war jetzt gar nicht gut, was
ich da getan habe.
Hier macht Gott uns ein großes Geschenk:
Er kommt uns entgegen, wie der Vater
seinem Sohn im Gleichnis. Er nimmt uns
mit offenen Armen auf.

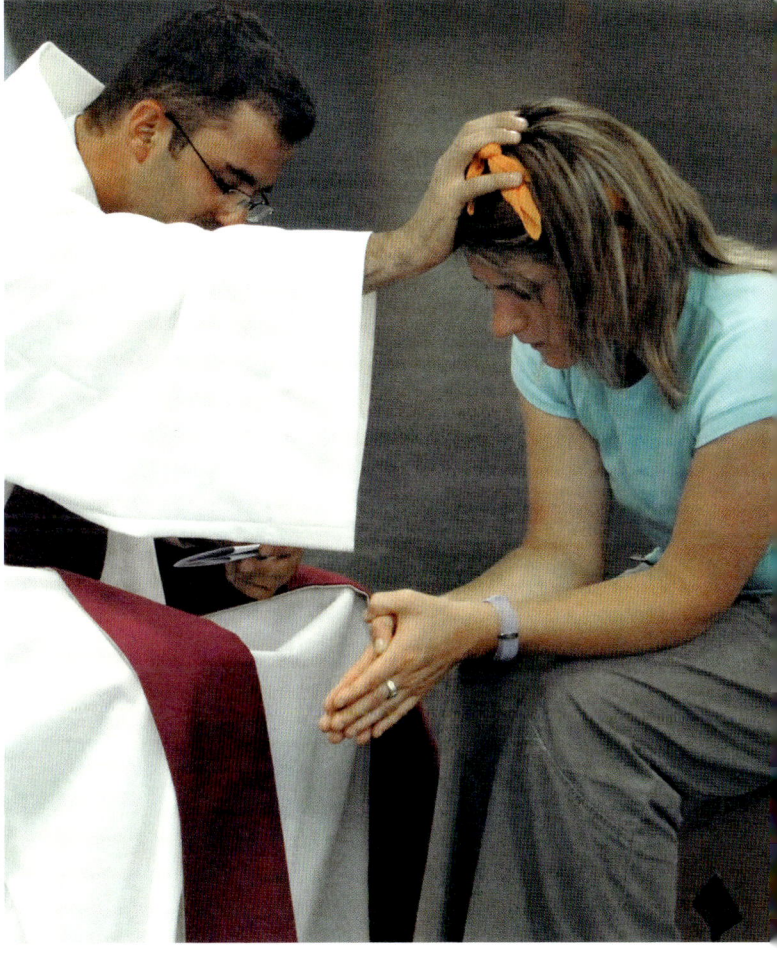

Im Sakrament der Versöhnung, vielleicht ist dir der Name Beichte
geläufiger, können wir bekennen, was wir falsch gemacht haben und
der Priester spricht uns im Auftrag Gottes Versöhnung zu.
Gott nimmt uns an, aber er möchte auch, dass wir anderen Menschen verzeihen, die uns Unrecht getan haben.

Eucharistie

Eucharistie - das heißt Danksagung

Wenn wir die Heilige Messe – Eucharistie – feiern, dann sagen wir DANKE für das große Geschenk, das Jesus uns gemacht hat.
Wir denken an seinen Tod und seine Auferstehung und halten gemeinsam Mahl, wie Jesu es mit seinen Jüngern getan hat.
So haben es seine Freunde und die ersten Christen in der jungen Kirche getan, und so tun wir es auch heute noch.
Er gibt sich uns selbst in den Gaben von Brot und Wein.
Brot und Wein sind Zeichen für Jesus selbst, sie werden zu Leib und Blut Christi.

Der Apostel Paulus hat an seine Gemeinde in Korinth geschrieben:

Denn ich habe vom Herrn empfangen, was ich euch dann überliefert
habe: Jesus, der Herr, nahm in der Nacht, in der er ausgeliefert wurde,
Brot, sprach das Dankgebet, brach das Brot und sagte: Das ist mein
Leib für euch. Tut dies zu meinem Gedächtnis! Ebenso nahm er nach
dem Mahl den Kelch und sprach: Dieser Kelch ist der Neue Bund in
meinem Blut. Tut dies, sooft ihr daraus trinkt, zu meinem Gedächtnis!
Denn sooft ihr von diesem Brot esst und aus dem Kelch trinkt,
verkündet ihr den Tod des Herrn, bis er kommt.   1 Kor 11,23-26

Am Tag deiner Ersten Heiligen Kommunion ist Jesus zum
Ersten Mal im eucharistischen Brot ganz bei dir und lädt dich ein,
immer wieder im Andenken an ihn das Brot zu empfangen.

Jesus ist für uns am Kreuz gestorben. Aber er ist nicht im Tod
geblieben. Sein Tod war nicht das Ende!
Im Glauben erfahren wir: Jesus hat für uns gelebt.
Er ist für uns gestorben, aber Gott hat ihn auferweckt von den Toten.
Jesus lebt und ist bei uns. Er geht mit uns auf unseren Wegen.

In der Heiligen Messe beten wir:

> Deinen Tod, o Herr, verkünden wir,
> und deine Auferstehung preisen wir,
> bist du kommst in Herrlichkeit.

Das ist das Geheimnis unseres Glaubens.
Wir spüren, dass Gott bei uns ist.

Sein Sohn schenkt sich uns in Brot und Wein.
Du bist immer wieder eingeladen, dieses Geschenk anzunehmen:
beim Mitfeiern der Heiligen Messe.

Die Firmung

Nach Jesu Tod und Auferstehung waren die Jünger ängstlich, mutlos, verunsichert.

Sie wussten nicht, wie es weitergehen sollte, die Luft war raus.

Sie waren ein Stück Weg mit diesem Jesus von Nazaret gegangen, haben sicher viel von ihm gelernt, viel mit ihm erlebt. Unglaubliche Dinge waren passiert. Aber jetzt war er weg. Sie könnten den anderen erzählen, was sie erlebt haben ... Aber würden die ihnen glauben? Oder würden sie sie als fromme Spinner abtun? Wer hat denn schon was mit Jesus zu tun? Man hat doch gesehen, wohin das führt ...

In diese Situation hinein schickt Gott ihnen seinen Heiligen Geist! Wie ein Sturm kommt er zu ihnen, fegt ihre Lethargie und ihre Ängstlichkeit weg. Gottes Geist begeistert sie und sie können, wie es in der Apostelgeschichte heißt „in allen Zungen", wir können auch sagen, in allen Sprachen reden. Sie haben eine Botschaft! Die Menschen hören ihnen zu, weil sie „überzeugend sind". Sie können die Menschen mit ihrer Begeisterung anstecken, andere für die Sache Jesu gewinnen. Es kommt etwas in Bewegung.

So in etwa kannst du das Sakrament der Firmung verstehen.

Gott sendet dir in der Firmung seinen Heiligen Geist, er besiegelt deinen Weg mit Jesus, der in deiner Taufe seinen Anfang genommen hat.

Man könnte auch sagen: Die Firmung ist das Tüpfelchen auf dem i. Oder die Unterschrift unter den Liebesbrief, den Gott in deiner Taufe begonnen hat zu schreiben.

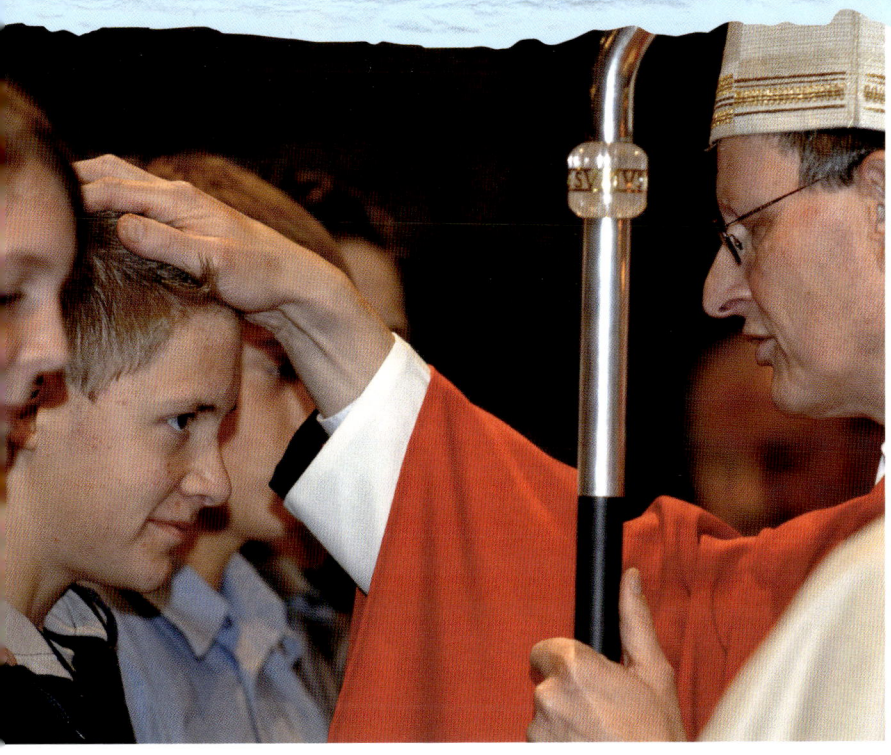

Du bist bisher einen Weg mit Jesus gegangen, hast von ihm gehört. Deine Eltern, Paten, vielleicht Erzieherinnen und Lehrer haben dich bisher begleitet, dir von Gott erzählt. Und nun in der Firmung sagst du ganz bewusst und weil du selber es willst: Ja! Ich will diesen Weg mit Gott weiter gehen! Seine Botschaft begeistert mich, ich möchte sie weiter tragen. Gott soll einen Platz in meinem Leben haben. Ja, ich glaube!

„Sei besiegelt durch die Gabe Gottes, den Heiligen Geist!", sagt der Bischof dem Firmbewerber bei der Firmung, während er ihn mit Chrisam salbt. Du, ganz persönlich Du bist gemeint. Besiegelt, bekräftigt, ermutigt, beschenkt!
Wenn ein Siegel unter einen Brief oder eine Urkunde gesetzt wird, heißt so viel wie: Gesprochen und verkündet! So ist es!

In der Firmung werden wir beschenkt mit den sieben Gaben des Heiligen Geistes.
Weisheit, Einsicht, Rat, Stärke, Erkenntnis, Frömmigkeit, Gottesfurcht

Sein Geist kann in uns Menschen wirken, wenn wir uns ihm öffnen. Er belebt uns, kann uns begeistern für etwas oder die Fähigkeit geben, andere zu begeistern.
Jeder von uns hat eine besondere Begabung. Es gibt keinen Menschen, der alles kann und keinen, der nichts kann. Gottes Heiliger Geist ermutigt uns, unsere Talente einzusetzen, auszuprobieren, andere teilhaben zu lassen.

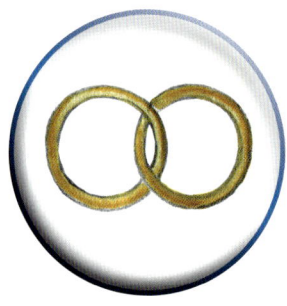

Die Ehe

Markus 10,6-9

6 Gott hat am Anfang den Menschen als Mann und Frau geschaffen.

7 Deshalb verlässt ein Mann Vater und Mutter, um mit seiner Frau zu leben.

8 Die zwei sind dann eins, mit Leib und Seele. Sie sind also nicht mehr zwei, sondern eins.

9 Und was Gott zusammengefügt hat, das sollen Menschen nicht scheiden.

Zwei Menschen lernen sich kennen und lieben, spüren, dass sie füreinander bestimmt sind, dass sie ihr Leben miteinander teilen wollen: Ja, wir wollen zusammen bleiben. Wir lieben und vertrauen einander und wir vertrauen darauf, dass unsere Liebe trägt. Wir wollen diesen Weg aber nicht alleine gehen. Wir möchten, dass Gott mit uns ist auf diesem Weg in unser gemeinsames Leben.

Gott möchte mit uns Menschen auf dem Weg sein, mit uns unser Leben teilen. Wenn zwei Menschen sich füreinander entscheiden, schenkt er ihnen im Sakrament der Ehe seine Zusage: Ich teile das Leben mit euch. Ich segne euch und euren Bund.

„Vor Gottes Angesicht", so versprechen es die Brautleute bei ihrer Trauung, „nehme ich dich an als meinen Mann/ meine Frau. Ich will dich lieben, achten und ehren und dir treu sein.

In guten und in schlechten Tagen, in Gesundheit und Krankheit, solange ich lebe!"

Mann und Frau versprechen sich, einander anzunehmen in aller Unvollkommenheit, mit allen Fehlern und Schwächen, mit allen Stärken, Träumen und Wünschen, in großer Liebe.
Sie versprechen sich die Treue in guten Tagen, in denen es leicht ist, einander zu lieben und zu vertrauen und in schlechten Tagen, in denen es schwer fällt, einander zu vertrauen, anzunehmen, was das Leben ihnen bringt.
In Gesundheit wollen sie dankbar dafür sein, dass es ihnen gut geht.
In Krankheit nicht verzweifeln, einander Halt geben und Liebe schenken. Solange sie leben.

Sie tun es „vor Gottes Angesicht", weil Gott verspricht, bei ihnen zu sein. Immer.

Die Priesterweihe

Die elf Jünger gingen nach Galiläa auf den Berg, den Jesus ihnen genannt hatte. Und als sie Jesus sahen, fielen sie vor ihm nieder. Einige aber hatten Zweifel. Da trat Jesus auf sie zu und sagte zu ihnen: Mir ist alle Macht gegeben im Himmel und auf der Erde. Darum geht zu allen Völkern und macht alle Menschen zu meinen Jüngern; tauft sie auf den Namen des Vaters und des Sohnes und des Heiligen Geistes, und lehrt sie, alles zu befolgen, was ich euch geboten habe. Seid gewiss: Ich bin bei euch alle Tage bis zum Ende der Welt.

Mt 28,16-20

Hans Traut, Predella:
Christus und die 12 Apostel
um 1505/10
In der Mitte Christus
mit segnend erhobener Hand,
links Bartholomäus mit dem
Schindermesser,
Philippus mit dem Kreuzstab,
Jakobus d.J. mit dem Fachbogen,
Thomas mit der Lanze,
Petrus mit dem Schlüssel,
Andreas mit dem Kreuz.
Rechts von Christus:
Jakobus d.Ä. mit Pilgerhut
und Muschel,
Johannes der Evangelist mit
dem Kelch,
Judas Thaddäus mit der Keule,
Matthäus mit der Hellebarde,
Simon Zelotes mit der Säge,
Matthias mit der Axt.

Jesus hat damals seinen Jüngern einen klaren Auftrag gegeben:
Geht hinaus in die Welt, erzählt von mir und meiner Botschaft. Macht
die Menschen zu meinen Jüngern und tauft sie!

Im Kapitel der Firmung hast du erfahren, dass die Jünger erst einmal
eine kräftige Portion Heiligen Geist brauchten, aber dann sind sie
losgezogen und haben das Evangelium verkündet. Das haben sie
mit einer solchen Begeisterung getan, dass die Botschaft bis heute
Menschen erreicht und begeistert.
Wir alle sind aufgerufen, diese Botschaft zu leben und weiter zu tragen.
Manche Männer sind in besonderer Weise gerufen und berufen,
die Botschaft Jesu den Menschen zu verkünden. Das sind die Diakone,
Priester und Bischöfe. Ihre Aufgaben sind die Verkündung des Evan-
geliums, die Spendung der Sakramente und die Sorge um die ihnen
anvertrauten Menschen.
Das Sakrament der Weihe wird vom Bischof gespendet. Durch das
Weihesakrament beruft Jesus den Kandidaten in seinen ständigen
Dienst. Seine ganze Liebe soll der Kirche und der Gemeinde gehören.

Gemäß ihren Aufgaben bekommen die Männer ein Zeichen ihres
Dienstes überreicht.
Bei den Diakonen ist es das Evangelienbuch. Bei den Priestern ist es
der Kelch und der Bischof bekommt einen Hirtenstab.

Priester legen den Weihekandidaten
die Hände auf den Kopf.
Danach erfolgt das Weihegebet.

Der Diakon ist berufen, zu predigen, die Kommunion aus-
zuteilen, das Sakrament der Taufe und der Ehe zu spenden und
Verstorbene zu beerdigen.

Der Priester erhält darüber hinaus als wichtigste Vollmacht,
die Eucharistie zu feiern. Er darf das Sakrament der Versöhnung,
das Sakrament der Krankensalbung und – in besonderen Fällen –
das Sakrament der Firmung spenden.
Der Bischof darf alle Sakramente, einschließlich der Priesterweihe
und der Firmung spenden.

Die Krankensalbung

In der Bibel können wir an vielen Stellen nachlesen, dass die besondere Sorge Jesu den kranken Menschen galt. Er hat den blinden
Bartimäus und den Lahmen geheilt,
hat seinen Freund Lazarus und die
Tochter des Jairus auferweckt und
der Diener des Hauptmanns von
Kafarnaum wurde wieder gesund.

Auch heute gilt uns Menschen die
besondere Sorge Jesu, gerade in Kri-
sensituationen. Wenn Menschen
schwer erkrankt sind, fühlen sie sich
oftmals ohnmächtig ihrem Schicksal
gegenüber, allein gelassen und hilflos.

Jesus heilt die Gelähmten. Pedro de Orrente.
Kunsthistorisches Museum, Wien

Im Sakrament der Krankensalbung schenkt Gott uns in dieser besonderen und schweren Situation seine Nähe. Es wird deutlich: Gott ist da! Gerade in dieser schwierigen Zeit. Er lässt dich nicht allein.
Das Sakrament wird Krankensalbung genannt, weil dem Kranken Stirn und Hände mit Öl gesalbt werden. Das Öl, das leicht in die Haut eindringt, ist Symbol für den Heiligen Geist.

Gottes Geist schenke dem Kranken Kraft, die Krankheit anzunehmen und auszuhalten. Er schenke ihm Mut und Vertrauen, dass Gott ihn in seiner Hand hält und seinen Weg begleitet.
Die Krankensalbung erinnert auch daran, dass uns Menschen ein Leben ohne Schmerzen, Trauer und Leiden bei Gott erwartet.
Der Priester drückt mit der Spendung der Krankensalbung auch aus: Du bist in deiner Krankheit nicht allein. Wir denken an dich und beten für dich.

Die sieben Sakramente zeigen uns: Gott ist mit uns auf dem Weg. Unser ganzes Leben hindurch. Am Beginn unseres Lebens nimmt er uns in der Taufe in seine Obhut und lässt uns nicht los bis zum Ende unseres Lebens.
In den Sakramenten schenkt Gott sich uns immer wieder. Wir dürfen ihn im Empfang der Sakramente immer wieder erfahren.
In den Sakramenten feiern wir unseren Glauben. Wir sind eingeladen zum Fest des Glaubens und es liegt an uns, diese Einladung anzunehmen.

Wenn wir uns darauf einlassen, die Einladung Gottes anzunehmen, dann kann unser Leben ein Fest werden, fröhlich und bunt. Mit Jesus an unserer Seite können uns auch die dunkleren Tage nichts anhaben. Er hat uns versprochen: „Ich bin bei euch alle Tage, bis ans Ende der Welt!" ... und das wird er, ganz sicher!

Weihnachten

Wir feiern die Geburt Jesu. Gott schenkt uns seinen Sohn.
Du kennst die Weihnachtsgeschichte: Gottes Sohn wird nicht in einem
Königspalast geboren; er kommt in einem Stall zur Welt, draußen,
vor der Stadt Betlehem, weil nirgendwo Platz war für seine Eltern.

Mitten in der Nacht geht ein helles Licht auf:
Engel verkünden den Hirten die Geburt
des Kindes. Sterndeuter aus dem Morgenland
kommen und bringen diesem Kind kostbare
Geschenke. An Weihnachten feiern wir das
Geburtstagsfest Jesu.

Der Weihnachtsbaum, die Kerzen, der Fest-
tagsschmuck und die Krippe sind also nicht
nur einfach Dekoration für den großen
Geschenkemarathon. Sie sollen uns an das
große Ereignis erinnern: Die Geburt Jesu
ist der Grund dieses Festes.

Und weil dieses Fest so wichtig ist, feiert es
die Kirche recht ausgiebig: In der Feier
der Christmette in der Heiligen Nacht und mit
Gottesdiensten am 1. und am 2. Weihnachts-
feiertag.

David Teniers Kupfer d. J. (1610-1690),
Geburt Christi, Bayerische Staatsgemäldesammlungen,
Staatsgalerie Flämische Barockmalerei, Neuburg

Hl. Drei Könige – Erscheinung des Herrn

Am 06. Januar feiert die Kirche das Fest „Erscheinung des Herrn – Epiphanie". Viel bekannter ist dir sicherlich der Begriff vom Fest der Heiligen drei Könige.

„Epiphanie" oder „Erscheinung des Herrn" wird das Fest genannt, weil in der Anbetung durch die Könige deutlich wurde: Dieses Kind in der Krippe, Jesus, ist ein besonderes Kind. Es ist Gottes Sohn! Die drei Weisen (erst in der Legende wurden sie zu Königen), haben dem Jesuskind Geschenke mitgebracht, Geschenke, wie man sie einem König brachte: Weihrauch, Myrrhe und Gold.

In vielen Gemeinden ziehen um den 06. Januar Kinder und auch Erwachsene als Könige verkleidet durch die Gemeinden, schreiben einen Segensspruch an die Türen und sammeln Geld für Not leidende Kinder in der Welt. Diese Sternsingeraktion gibt es seit über 50 Jahren. Allein in Deutschland sind in jedem Jahr rund 500.000 Sternsingerinnen und Sternsinger unterwegs.

Albrecht Dürer, Anbetung der Könige, Gemälde/Öl auf Holz (1504), Florenz, Galleria degli Uffizi

schreiben sie an die Türen
der Häuser.

20.. steht dabei für die Jahreszahl.
C+M+B steht für den lateinischen Segensspruch:
Christus mansionem benedicat -
"Christus segne dieses Haus" und nicht, wie man vermuten
könnte für die Namen der drei Könige:
Caspar, Melchior und Balthasar.
(Aber zugegeben:
es ist eine gute
Eselsbrücke)

Übrigens: Der
Schrein mit den
Reliquien* der
Hl. Drei Könige
steht seit Anfang
des 12. Jhds.
im Kölner Dom.

*Reliquie kommt von
"Zurücklassen", Knochen,
aber auch Kleidungs-
stücke sind das, was die
Heiligen zurückgelassen
haben.

Lichtmess — Darstellung des Herrn im Tempel

40 Tage nach Weihnachten, am 02. Februar feiert die Kirche zum Abschluss der weihnachtlichen Festzeit die „Darstellung des Herrn im Tempel".

Maria und Joseph bringen ihren Sohn Jesus nach jüdischem Brauch in den Tempel. Dort begegnen sie zwei alten Menschen: Dem Simeon und der Prophetin Hannah, die erkennen, dass dieses Kind etwas Besonderes ist. Sie preisen es als den Erlöser Israels.

Der Lobgesang des Simeon (du kannst ihn in der Bibel nachlesen beim Evangelisten Lukas 2,29-32) ist Teil des Stundengebetes der Kirche und wird im Nachgebet der Kirche, der Komplet gebetet.

Aber warum heißt der Tag auch Lichtmess?
Früher wurden an diesem Tag Lichterprozessionen abgehalten und in den Kirchen der Jahresbedarf an Kerzen gesegnet. Den Brauch der Kerzensegnung gibt es auch heute noch vielerorts.

Am Tag nach Lichtmess, am 03. Februar feiert die Kirche den Gedenktag des Hl. Bischof Blasius. Der Legende nach soll Blasius einen Jungen vor dem Ersticken an einer Fischgräte gerettet haben. Aus dieser Legende heraus ist der Blasiussegen entstanden, der heute in Verbindung mit den Lichtmessgottesdiensten gespendet wird. Mit zwei

Altaraufsatz und Retabel des ehemaligen Hochaltars der Petri-kirche in Hamburg (Grabower Altar), (1379-1383)
von Meister Bertram (um 1340 - um 1415) Hamburger Kunsthalle

gesegneten und in Form des Andreaskeuzes gekreuzten Kerzen, die der Priester vor Gesicht und Hals der zu Segnenden hält, spricht er: „Auf die Fürsprache des heiligen Blasius bewahre dich der Herr vor Halskrankheit und allem Bösen. Es segne dich Gott, der Vater und der Sohn und der Heilige Geist. Amen."

Aschermittwoch – Beginn der Fastenzeit

Mit dem Aschermittwoch beginnt die 40-tägige Vorbereitungszeit auf Ostern, die Fastenzeit.
In dieser österlichen Bußzeit sollen wir Christen uns besinnen, unseren Weg überdenken und uns durch Umkehr auf das Osterfest vorbereiten.

Das Aschenkreuz ist ein Zeichen der Umkehr und Buße. Wenn du dir ein Aschenkreuz auf die Stirn zeichnen lässt, dann zeigst du damit: Ja, ich will so leben, wie Jesus es uns sagt. Ich möchte versuchen, den richtigen Weg zu gehen, ganz bewusst!

Weißt du, woraus die Asche für das Aschenkreuz stammt?
Für diese Asche werden die Palmzweige des vergangenen Jahres verbrannt. Die Asche wird dann gesegnet, bevor damit den Gläubigen ein Kreuz auf die Stirn gezeichnet wird.

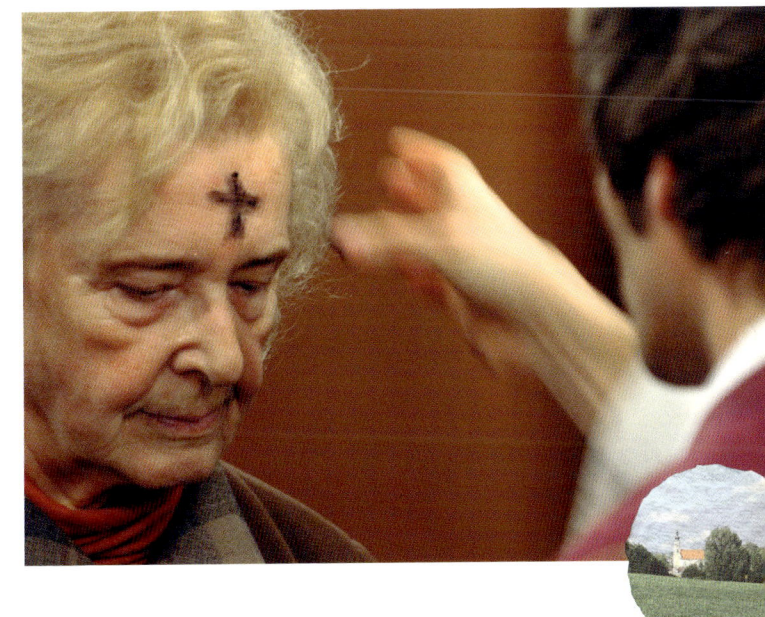

Palmsonntag

Am Palmsonntag feiern wir den Einzug Jesu in Jerusalem.
Jubelnd haben damals die Menschen Jesus in Jerusalem begrüßt.
Palmen und Kleider haben sie zu seinen Füßen ausgelegt.
„Hosanna dem Sohne Davids!"
Mit geweihten Palmzweigen ziehen Christen am Palmsonntag
in Erinnerung an diesen Tag singend und betend in die Kirche ein.

Kath. Pfarrei St. Martin, Aindling

Gründonnerstag

An diesem Tag feiert die Kirche das letzte Abendmahl Jesu mit seinen Jüngern.
In der Feier der Eucharistie denken wir in besonderer Weise an das große Geschenk, das Jesus uns gemacht hat: Er schenkt sich uns in Brot und Wein. „Das ist mein Leib. Das ist mein Blut. Tut dies zu meinem Gedächtnis."

Jesus ist nach dem letzten Abendmahl mit seinen Jüngern zum Ölberg gegangen. „Wacht und betet mit mir!", hat er sie gebeten. Aber die Jünger sind eingeschlafen.

In vielen Gemeinden gibt es so genannte Ölbergstunden. Jesu Auftrag folgend: „Wachet und betet!" denken die Gläubigen an den Weg Jesu, der nach seiner Verhaftung auf dem Ölberg noch vor ihm lag.

Giotto di Bondone, Abendmahl, Tafelbild, 13./14. Jh., Alte Alte Pinakothek, München

Karfreitag

Am Karfreitag gehen wir Christen mit Jesus den schweren Weg nach Golgata, dem Ort, an dem Jesus gekreuzigt wurde.

In vielen Kirchen findest du Bilder von diesem Weg Jesu, der Kreuzweg genannt wird. 14 Stationen laden ein, an den Leidensweg Jesu zu denken, diesen Weg ein Stück mit zu gehen.
Am Karfreitag treffen sich deshalb die Gläubigen, gehen betend gemeinsam von Station zu Station und denken an den schweren Weg, den Jesus gegangen ist.

Hast du dir schon einmal in der Kirche die Stationen des Kreuzweges angeschaut?

1. Station: Jesus wird zum Tode verurteilt

2. Station: Jesus nimmt das schwere Kreuz auf seine Schultern

3. Station: Jesus fällt zum ersten Mal unter dem Kreuz

4. Station: Jesus begegnet seiner Mutter Maria

5. Station: Simon von Zyrene hilft Jesus das schwere Kreuz tragen

6. Station: Veronika reicht Jesus das Schweißtuch

7. Station: Jesus fällt zum zweiten Mal unter dem Kreuz

8. Station: Jesus begegnet den weinenden Frauen

9. Station: Jesus fällt zum dritten Mal unter dem Kreuz

10. Station: Die Soldaten nehmen Jesus seine Kleider weg

11. Station: Jesus wird ans Kreuz genagelt

12. Station: Jesus stirbt am Kreuz

13. Station: Jesus wird vom Kreuz abgenommen
     und in den Schoß seiner Mutter gelegt

14. Station: Der Leichnam Jesu wird ins Grab gelegt

Am Karfreitag gibt es keine Heilige Messe. Den Gottesdienst, der am Nachmittag des Karfreitages stattfindet, nennt man „Feier der Karfreitagsliturgie".

Wir Christen kommen in der Todesstunde Jesu in der Kirche zusammen, hören die Leidensgeschichte Jesu, denken an seinen Tod, beten und verneigen uns vor dem Kreuz Jesu.

Ostern

Das Dunkel des Todes wird erhellt vom Licht: Christus ist auferstanden!

Die Auferstehung Jesu feiern wir Christen in der Osternacht. Die Gläubigen treffen sich vor Beginn des Gottesdienstes vor der Kirche, wo ein kleines Feuer entzündet ist. An diesem Feuer wird die neue Osterkerze gesegnet und entzündet.

Das Licht der neuen Osterkerze wird in die dunkle Kirche getragen und an die Gemeinde verteilt. So, wie das Licht der Engel im leeren Grab und die Freude der Frauen über die Auferstehung Jesu wieder alles hell gemacht hat (du kannst das Osterevangelium nachlesen bei: Lk 24, 1-12), so erhellt das Licht der Osterkerze das Dunkel der Nacht und zeigt uns: Christus ist auferstanden! Halleluja! Die Freude der Osternacht drückt sich aus im Osterjubel: Christus ist auferstanden! Halleluja.

Die Engel haben den Frauen am Grab von der Auferstehung Jesu erzählt. Uns erzählt die Osterkerze von der Auferstehung.

Die Osterkerze ist eine besondere Kerze
und die Symbole haben eine besondere Bedeutung:

Das Kreuz steht für Jesus Christus

A und Ω steht für Anfang und Ende
Die Zahlen stehen für die Jahreszahl

Die 5 Nägel symbolisieren die Wundmale Jesu

Die Osterkerze zeigt uns: Der auferstandene Christus
ist hier in unserer Mitte.

In der Osternacht wird auch das Taufwasser geweiht, mit dem bis zum nächsten Osterfest alle Täuflinge getauft werden.

In der Osternacht erinnern sich die Gläubigen an ihre Taufe und erneuern ihr Taufversprechen. Sie bekennen ihren Glauben und werden anschließend vom Priester mit dem neu geweihten Taufwasser besprengt.

Vielleicht auch noch interessant:
Weißt du, warum das Osterdatum in jedem Jahr wandert und nicht so fest liegt, wie das Weihnachtsfest am 25. und 26. Dezember? Ostern ist ein beweglicher Feiertag, der immer nach dem ersten Frühlingsvollmond zwischen dem 22. März und 25. April gefeiert wird. Kalendarisch beginnt der Frühling am 21. März. Der Zeitpunkt, an dem der Mond voll zu sehen ist, richtet sich nach der Erdumlaufbahn. (Das kannst du sicher viel besser erklären.) Jedenfalls ist das der Grund dafür, dass Ostern sich „bewegt".

Weißer Sonntag

In der jungen Kirche wurden die Menschen, die sich vom Heidentum zum Christentum bekehrten, immer in der Osternacht getauft. Als Zeichen der Umkehr und der Befreiung von allen Sünden zogen sie ein weißes Kleid an. Das trugen sie eine Woche lang, bis einschließlich Sonntag nach Ostern. Daher heißt der Sonntag nach Ostern, an dem viele Gemeinden das Fest der Erstkommunion feiern, Weißer Sonntag. Aus diesem Grund tragen die Mädchen in Erinnerung an die Taufe zur Erstkommunion ein weißes Festkleid, oder wie heute vielerorts üblich, Jungen und Mädchen ein einheitliches helles Gewand.

Christi Himmelfahrt

40 Tage nach Ostern feiern wir, was wir in jedem Glaubensbekenntnis beten: „Aufgefahren in den Himmel." Jesus geht zu seinem Vater in den Himmel. Er hat seinen Jüngern gezeigt: Seht, ich bin auferstanden, ich lebe! Aber ich kann nicht mehr bei euch bleiben, wie ich vorher bei euch war; ich gehe zu meinem Vater. Und doch bin ich immer bei euch.

Pfingsten

5O Tage nach dem Osterfest feiert die Kirche das Pfingstfest. Gott schenkt uns seinen Heiligen Geist! Das Wort Pfingsten stammt vom griechischen Wort „Pentecosta", der fünfzigste Tag. Die Apostelgeschichte berichtet davon, dass Gott den Jüngern seinen Geist gesandt hat. Mitten in ihre Unsicherheit nach ihren Erlebnissen schickt Gott ihnen (am 50. Tag nach Ostern) seinen Heiligen Geist! Wie ein Sturm kommt er zu ihnen, fegt ihre Lethargie und ihre Ängstlichkeit weg. Gottes Geist begeistert sie und sie können, wie es in der Apostelgeschichte heißt „in allen Zungen", wir können auch sagen, in allen Sprachen reden. Sie haben eine Botschaft! Die Menschen hören ihnen zu, weil sie „es rüber bringen können". Sie können die Menschen mit ihrer Begeisterung anstecken, andere für die Sache Jesu begeistern.

Es kommt etwas in Bewegung. Diese Bewegung hält bis heute an! Immer wieder haben sich Menschen anstecken und begeistern lassen, haben die Botschaft Jesu und den Glauben weiter getragen. Wir feiern das Pfingstfest deshalb auch als Geburtstag der Kirche.

23. Europäisches Jugendtreffen der ökumenischen Gemeinschaft von Taize (Communauté de Taizé) vom 28.12. bis 1.1.2001 in Barcelona. Rund 80.000 Jugendliche aus ganz Europa nehmen an dem Treffen teil. Im Bild der Gründer der Communaute von Taize, Frère Roger.

Fronleichnam

Das Fronleichnamsfest – das Hochfest des Leibes und Blutes Christi feiern wir 10 Tage nach Pfingsten (genau wie Himmelfahrt übrigens immer an einem Donnerstag).

An diesem Tag ehren wir Gottes Gegenwart im Heiligen Brot in besonderer Weise. In vielen Gemeinden finden Fronleichnamsprozessionen statt. Der Leib Christi wird in einer Monstranz (einem kostbaren „Zeigegefäß" (siehe Seite 63)) aus der Kirche heraus durch die Straßen und die Felder getragen, begleitet von meist vielen Gläubigen.

An verschiedenen Stationen wird Halt gemacht, gesungen und gebetet und der Segen Gottes erbeten. Der Weg ist oft mit Blumen oder Blumenteppichen geschmückt, auf denen biblische Motive dargestellt werden.

Die Prozession (siehe S. 61) zeigt in besonderer Weise: Jesus ist mit seinem Volk unterwegs. Gott schenkt sich uns im Brot und dieses Brot wollen wir in besonderer Weise verehren.

Maria Himmelfahrt

Die Kirche feiert am 15. August die Aufnahme Mariens in den Himmel. Maria, die Mutter Jesu sollte nach ihrem Tod nicht einfach so in ein Grab gelegt werden. Die Legende berichtet, dass Maria nach ihrem Tod mit „Leib und Seele in den Himmel aufgenommen" wurde.

Verknüpft ist dieser Tag vielerorts mit dem Brauch der Kräuterweihe. Die Gläubigen sammeln die verschiedensten Heilkräuter und binden sie zu kleinen Kräutersträußchen, die im Rahmen des Gottesdienstes gesegnet werden. Dabei gibt es in vielen Gegenden feste Regeln, wie viele und welche Kräuter in einen solchen Strauß gebunden werden.

Erntedank

Am ersten Sonntag im Oktober danken die Christen Gott für die gute Ernte. Wir erinnern uns daran, dass alles, was auf der Erde wächst und gedeiht, von Gott kommt.

Er begleitet die menschliche Arbeit mit seinem Segen, so dass wir säen und ernten können und das tägliche Brot haben. Auch dieses Fest ist mit vielen Bräuchen verknüpft. In vielen Gegenden werden reichgeschmückte Erntekronen in die Kirchen getragen; die Menschen feiern dieses Dankfest mit großen Erntedank-Zügen.

Du weißt, dass nicht alle Menschen auf der Erde genug zu essen haben. Deshalb denken die Hilfswerke der Kirchen an diesem Tag auch in besonderer Weise an die Menschen in der Welt, für die das tägliche Brot keine Selbstverständlichkeit ist, und rufen die Gläubigen auf, ihren Reichtum zu teilen.

Mit viel Liebe werden die Altäre mit den Gaben des Feldes geschmückt.

Allerheiligen und Allerseelen

Der November ist der Monat der Totengedenktage.
Am Fest Allerheiligen denken wir an alle Menschen, die in besonderer Weise in der Nachfolge Jesu gelebt und damit Anteil an der Gemeinschaft der Heiligen haben.

An Allerseelen denken wir in besonderer Weise an die Menschen aus unseren Familien, aus unserem Freundes- und Bekanntenkreis, die schon verstorben sind.
Wir schauen zurück auf ihr Leben, auf das, was sie für uns so wichtig und wertvoll gemacht hat.
Wir glauben, sie haben das ewige Leben bei Gott.

Da der 2. November, das Fest Allerseelen kein gesetzlicher Feiertag ist, hat es sich eingbürgert, dass sich die Gläubigen am Nachmittag des Allerheiligentages auf den Friedhöfen zu einer Andacht versammeln, die Gräber der Angehörigen schmücken und Kerzen aufstellen.
Im Anschluss an die Andacht werden die Gräber gesegnet.
Wir ehren damit unsere Verstorbenen und zeigen: Wir haben euch nicht vergessen!

Die evangelischen Christen denken übrigens am Totensonntag (dem letzten Sonntag vor dem Advent) in besonderer Weise ihrer Verstorbenen.
Auch ein staatlicher Trauertag liegt im November: Der Volkstrauertag. An diesem Tag wird der Opfer der Kriege gedacht.

Christkönig

Am letzten Sonntag des Kirchenjahres feiern wir den Christkönigssonntag.
Wir ehren Christus, den Gesalbten, den Messias, unseren König.
In vielen Gemeinden werden an diesem Sonntag die neuen Messdienerinnen und Messdiener in den Dienst am Altar aufgenommen.

Mit dem Christkönigssonntag schließt sich der Kreis des Kirchenjahres.

In der Kirche Sankt Paul vor den Mauern in Rom ist in der Apsis in einem Mosaik Jesus als Pantokrator dargestellt.

Damit bist du am Ende dieses Buches angekommen.
Am Anfang habe ich dir eine Frage gestellt, erinnerst du dich?
Ich hatte dich gefragt, ob du schon einmal überlegt hast,
was der Glaube überhaupt ist?!

Ich würde mich freuen, wenn du in diesem Buch spannende
Sachen entdeckt hast, die dich interessieren; wenn ich
dir vielleicht die eine oder andere Frage beantworten konnte.
Toll finde ich, wenn dich die Sache Jesu begeistert, wenn
du noch mehr von ihm erfahren möchtest oder anderen von
ihm erzählst.

Ich wünsche dir, dass du dein Herz auf Jesus setzen kannst,
dich an Gott und seiner frohen Botschaft festmachst.

Einen Segenswunsch gebe ich dir mit auf deinen Weg:

Der gute Gott stärke dich

Der gute Gott
halte in dir die Begeisterung wach.
Er stärke in dir den Mut,
seine Botschaft weiter zu tragen,
auch und gerade dann,
wenn andere dich
deswegen vielleicht auslachen.
Er sei bei dir,
wenn du nicht sicher bist.
Er schenke dir Freude
in der Begegnung mit anderen.
Er begleite deinen Weg
mit seinem Segen.

Anders glauben

Das Judentum

Der Hinduismus

Der Buddhismus

Der Islam

Vielleicht hast du Freunde oder Klassenkameraden, die anders glauben, als du. Das ist gar nicht verwunderlich, denn neben dem Christentum gibt es noch 4 weitere große Religionen, die ich dir hier kurz vorstellen möchte:

Das Judentum

Das Judentum ist die älteste aller Religionen. Aus ihr ist weitgehend das Christentum entstanden. Wie du sicher weißt, war Jesus ein Jude. Heute leben sehr viele Juden wieder in Israel. Das war nicht immer so. Die Mehrzahl der Juden ist über die ganze Welt verstreut.
Ihren Glauben bauen sie auf die Tora auf, in ihr stehen die Geschichten Gottes mit den Menschen, in denen er ihnen zeigt, wie sie sich verhalten sollen. Zum gemeinsamen Gottesdienst treffen sie sich am Sabbat in der Synagoge, ihrem Gebetshaus. Dort haben Frauen nur getrennt zu den Männern Zutritt, meist auf einer Empore.

Juden feiern neben vielen anderen zwei große Feste im Jahr. Das erste ist „Jom Kippur", das Versöhnungsfest, im Herbst. An diesem Tag feiern die Juden die Erlassung ihrer Schuld von Gott. Das Zweite ist „Chanukka", das Lichterfest, welches Anfang Dezember gefeiert wird.
Das Fest dauert acht Tage, jeden Abend wird eine Kerze mehr am achtarmigen Leuchter entzündet, gefeiert wird die Wiedereinweihung des Jerusalemer Tempels. Die Kinder bekommen an diesem Fest Geschenke und Süßigkeiten.

Bar Mizwa

Der Hinduismus

Der Hinduismus ist 1500 Jahre vor Christus durch eine Vermischung von verschiedenen Kulturen in Indien entstanden. Im Hinduismus gibt es eine ganze Menge Götter, um genau zu sein 360 Millionen. Die zwei Bekanntesten sind Vishnu und Shiva.

Ein Hindu kann auf einer von fünf verschiedenen Stufen der Gesellschaft stehen. Du kannst dir das wie eine große Pyramide vorstellen. An der Spitze stehen die Brahmanen, das sind die hinduistischen Priester, auf der zweiten Stufe der Adel, auf der dritten Bauern und Handwerker, dann auf der vierten Diener und Sklaven, und schließlich, ganz unten, die Kastenlosen.
Die Lehren und Gebote für jeden Hindu sind in den Upanishaden und den Vedasammlungen aufgeschrieben. In ihnen ist beschrieben, wie jeder Hindu sein Leben gestalten sollte.

Bad im Ganges

Der Buddhismus

Gründer des Buddhismus war 480 Jahre vor Christus der indische Prinz Siddharta Gautama. Er verließ seinen Palast und machte sich auf den Weg in die Obdachlosigkeit, um Erlösung und Erleuchtung zu finden jenseits vom strengen Hof und der Kastenordnung des Hinduismus. Der Prinz fand die Erlösung in den vier edlen Wahrheiten, die erklären wie man leben soll und was einem zum Glück verhilft. Seitdem trägt der Prinz den Ehrentitel Buddha, weshalb die Religion auch Buddhismus heißt. Im Buddhismus gibt es keinen Gott. Der Weg zur Erlösung wird durch die vier edlen Wahrheiten und durch Meditation gesucht. Um nach dem Tod erlöst zu werden und ins Nirvana (die Ewigkeit) einzutreten, muss ein Buddhist den achtfachen Pfad beschreiten. Das hat seinen Grund darin, dass die Buddhisten glauben, dass man nur ins Nirvana eintreten kann, wenn man alle vier edlen Wahrheiten erfüllt hat, was dann der Fall ist, wenn man keine Wünsche mehr hat, also die Seele völlig „leer" ist. Da man das in einem Leben kaum schaffen kann, wird man nach dem Tod in einem anderen Körper wiedergeboren, und das acht Mal, bis man ins Nirvana eintritt. All diese Anweisungen und Regeln sind in der Tripitaka festgehalten, einem Buch, das in Disziplin, Lehrgesänge und Heilslehre aufgeteilt ist.

„Schwarzer Buddha"
in Nong-Khai, Thailand

Der Islam

Islam übersetzt bedeutet: „Sein ganzes Leben Gott widmen". Das Glaubensbekenntnis der Muslime beschreibt die Religion eigentlich sehr treffend: „ Es ist kein Gott außer Allah und Mohammed der Gesandte Allahs." Mohammed war der Prophet des Islam, der diesen erst verbreitet hat. Er empfing nach der Legende von Allah den Koran und die Gesetze, an denen sich der Muslim orientieren soll. Er errichtete in Mekka die Kaaba, das Heiligtum der Muslime. Die Kaaba ist ein 11 Meter hoher Würfel, der auch heute noch die zentrale Pilgerstätte der Muslime ist.

Aus dem Koran und dessen Gesetzen entwickelten sich die fünf heiligen Pflichten, die das Bekenntnis zu Allah, das tägliche Gebet, Sozialsteuer, das Fasten, und eine Pilgerfahrt nach Mekka beinhalten.
Jeder Muslim sollte einmal im Jahr zu Ramadan fasten und einmal im Leben, soweit es ihm möglich ist, eine Pilgerreise nach Mekka unternehmen. Vielleicht gibt es auch in deiner Stadt eine Moschee. Das ist der Ort, in dem sich die gläubigen Muslime zum Gebet treffen. Kennzeichen einer solchen Moschee ist neben der Gebetsnische (Mihrab) und der Kanzel (Minbar) das Minarett- ein Turm-, von dem aus der Muezzin fünf Mal am Tag zum Gebet ruft.

Al Aksa Moschee, Jerusalem

Ein Wort an die Eltern

„Kinder nicht um Gott betrügen", so lautet der Titel eines Buches des Tübinger Religionspädagogen Albert Biesinger. Ich finde diesen Titel faszinierend, aus vielerlei Gründen. Der Wichtigste ist: In diesem Titel schwingt das Bekenntnis mit: Gott existiert! Wir Menschen können ihn verleugnen, wir können uns von ihm abwenden oder – was heute leider so häufig geschieht – so leben, als ob es ihn nicht gäbe. Aber ungeschehen oder inexistent machen können wir ihn nicht.

Sodann schwingt die Erkenntnis mit: Kinder haben oftmals einen ganz natürlichen Zugang zu Gott. Mit wie vielen Fragen setzen sie die Erwachsenen in Erstaunen, wenn sie nach dem Wesen und dem Handeln Gottes fragen? Es sind oft Fragen, die mitten ins Theologische gehen. Diesen natürlichen Zugang zu Gott gilt es bei Kindern wachzuhalten und auszubauen. Gott einfach zu verschweigen und den Kindern ein Leben vorzuführen, in dem er überflüssig und verzichtbar ist, wäre ein Betrug an dieser urmenschlichen religiösen Begabung. Es ist deshalb wichtig, dieser natürlich-religiösen Anlage von Kindern gerecht zu werden und ein Zeichen zu setzen gegen das „Verschweigen Gottes" in unserer Zeit: Er existiert und lebt mitten in unserer Welt und unserer Kirche.

Dabei geht es nicht um irgendeinen religiösen Zwang, auch nicht um die starre Vermittlung von Glaubensinhalten, sondern um die Erkenntnis, wie schön und bereichernd es ist, von Gott geliebt und getragen zu sein. Unser Leben hat eine Tiefe, die sich mit den vielen Oberflächlichkeiten, die in unserer Zeit wichtig sind, einfach nicht zufrieden geben kann. Diese Tiefe zu entdecken ist natürlich ein lebenslanger Prozess. Niemand von uns wird jemals damit fertig in seinem Leben. Aber dieser Prozess muss in der Kindheit beginnen.

Uns allen ist klar, dass die Christen in Zukunft eher in der Minderheit – in der Diaspora – leben werden. An uns allen liegt es, diese Situation zu nutzen und fruchtbar zu machen. Wenn wir eine Minderheit sind, dann wollen wir eine wirklich produktive Minderheit sein, eine Minderheit, die die Gesellschaft positiv beeinflusst und verändert, so dass die anderen Menschen an Christen erkennen können: Diese Menschen leben aus einer Hoffnung, die fasziniert, weil sie sich mit dem Erleben im „Hier und Jetzt" nicht zufrieden geben.

Das Buch will helfen, dass wir unsere Kinder nicht um Gott betrügen, sondern IHN zu Sprache bringen. Es will helfen, in kindgerechter und anschaulicher Sprache die wesentlichen Inhalte des christlichen Glaubens und des Lebens der Kirche zu vermitteln.
Daher wünsche ich Euch, liebe Kinder, und Ihnen, liebe Erwachsene, viel Freude beim Lesen bzw. Vorlesen dieses Buches. Möge es eine gute Aufnahme finden!

Helfen wir alle mit, unsere Kinder nicht um Gott zu betrügen.

Pastor Dr. Adrian Wypadlo, Siegen.

Bildnachweis

bpk – Die Bildagentur für Kunst, Kultur und Geschichte (Stiftung Preußischer Kulturbesitz), Berlin (www.bpk-images.de): 72; 88 unten (Alfredo Dagli Orti); 90 unten (Hamburger Kunsthalle /Elke Walford); 18 (Roman Beniaminson); 51 (scala); 87 unten (Bayerische Staatsgemäldesammlungen); 42 (scala); 86 oben (scala)

Bäckerei und Konditorei Karl Schlief Ges.m.b.H.: Cover links oben

dpa – Deutsche Presse-Agentur GmbH (ww.dpa.de): 31 oben

Fotolia: Cover links unten

Katholische Pfarrei, Bettwiesen, Schweiz: 98

KNA – Katholische Nachrichtenagentur Pressebild, Bonn (www.kna-bild.de): Cover links oben (Wolfgang Radtke), Mitte (Markus Nowak) und unten Mitte (Benedikt Plesker); 7 unten und 21 oben (Markus Nowak); 17 (Harald Oppitz); 21 unten; 23 und 24 oben und Cover Rückseite (Markus Nowak); 25; 26; 29 links; 29 rechts oben; 30 oben (Harald Oppitz); 32 (Pool); 36 unten (Katharina Ebel); 40; 41 unten und 64 oben; 43; 45; 46; 50 (Harald Oppitz); 52 unten (Harald Oppitz); 55 (Markus Nowak); 56 (Ditsch); 60; 69 unten (Wolfgang Radtke); 73 (Harald Oppitz); 75 (Harald Oppitz); 77 (Günter Vahlkampf); 78 (Harald Oppitz); 80 oben; 80 unten (Katharina Ebel); 82 (Nadine Loesaus); 91 oben (Wolfgang Radtke); 91 unten (Harald Oppitz); 97 links (Nadine Loesaus); 99 (Harald Oppitz); 101 unten rechts; 104 rechts (Harald Oppitz); 106 unten

Mauritius: Cover rechts oben; 41 Mitte, 59 oben und 62 oben; 63; 100 unten

photocase: Cover rechts unten

© pixelio.de: 2 (Rainer Sturm); 3 und 7 und 19 (knipseline); 3 (Josef Johann Obiltschnig); 4 oben und 47 (memephoto); 4 unten (Elke Barbara Bachler); 5 und 58 oben und 83 (Kurt Bouda); 7 oben und 10 unten (siepmannH); 8 oben (Stephanie Hofschlaeger); 8 unten; 9 (Stihl024); 10 oben (Udo Drews); 11 oben (Stephanie Hofschlaeger); 11 unten (Paul Schubert + Karin Schmidt); 15 rechts oben (Otto Wenninger); 15 Mitte links; 19 oben (Grace Winter); 22 unten (Paul-Georg Meister); 39 unten (Jürgen Hansohm); 41 oben (regenbogen56); 44 (erysipel); 48 (Elisabeth Patzal); 52 unten; 59 unten (Detlev Beutler); 68 (Thomas Max Müller); 69 oben (Elke Barbara Bachler); 71 (Virginia43); 76 (Carl-Heinz Stollberg); 85 (K. Schwarz); 87 oben (Gabi Schoenemann); 102 oben (Ferdinand); 103 unten (Detlev Beutler); 103 oben (chocolat01); 107 unten (Dieter Schütz); 105 Mitte rechts und 107 oben (Michael Mertes <Aristillus>); 105; 108 oben rechts (Rainer Sturm); 109 unten (johnny b); 105 unten und 109 oben (Dieter Schütz)

Anna-Katharina Stahl, Kommunikationsdesign (www.anna-katharina-stahl.de): Cover Mitte rechts; 6; 14 links unten; 15 rechts unten; 17 oben rechts; 22 oben links; 24 unten; 27; 28; 29 unten; 29; 29; 31 unten; 35; 36 links; 37; 38; 39 oben; 41; 44 oben; 49; 53; 54; 57 oben; 57 unten; 58 unten; 61; 61; 62 unten; 65 und 66; 70; 74; 79; 81 oben; 83; 85; 85; 86 unten; 88 oben; 89; 92; 94; 95; 96; 97; 101 unten links; 102 unten; 104 links; 105 und 106 oben; 105 Mitte links und 108 oben links und unten; 111

ullstein bild, Berlin (www.ullsteinbild.de): 12; 13 oben; 13 unten; 16; 81 unten

Verlag Katholisches Bibelwerk, GmbH, Stuttgart (www.bibelwek.de): 49; 64; 84

www.bibelwerk.de

Die Artikel "Katholisch-Evangelisch" und "Anders glauben" sind von Antonia Biehl verfasst.

Gesamtgestaltung: www.anna-katharina-stahl.de

Druck und Bindung in Europa

ISBN 978-3-460-32605-7